내 영혼 안정시키기

예수님을 만나는 조용한 순간 100

내 영혼
안정시키기

캐런 이먼 & 루스 슈벤크

settle my
SOUL

규장

인생에 어떤 일이 닥쳐도
예수님으로 인해
우리의 영혼이 평온해지는 방법을 보여준
코트니에게

추천의 글

"예수님과 함께하는 단 한순간만으로 우리의 마음은 영원히 변화될 수 있다. 우리가 삶에서 '일시 정지' 버튼을 누를 때, 삶을 변화시키는 만남이 일어날 공간이 만들어진다. 생각을 가다듬고 마음을 평온케 할 진리들을 모아놓은 이 책에서, 캐런과 루스는 인생의 다양한 자리에 있는 이들에게 예수님을 만날 기회를 만들어주었다. 단언컨대, 이보다 더 달콤한 것은 없다."

_베키 톰슨(Becky Thompson), *Hope Unfolding* 저자이자 Scissortail SILK 설립자

"바쁜 엄마들에게는 '일시 정지'가 정말 필요하다. 아침묵상을 위해, 또는 정신없는 하루 일과 속에서 빠르게 시각을 전환하는데 안성맞춤이다. 루스와 캐런은 엄마로 살아가는 이들의 어려움들을 이해하며, 진실과 유머와 희망을 가지고 그 마음에 호소한다."

_캣 리(Kat lee), InspiredToAction.com의 강사이자 저자

"엄마들은 가정생활과 일, 자녀 양육을 감당하며 날마다 혼돈에 빠질 때가 너무 많다. 루스와 캐런은 힘든 삶의 현실 속에서 살아가는 독자들을 만나, 그들에게 쉼을 주려고 기다리시는 하나님께 부드럽게 인도한다."

_산드라 매독스(Sandra E. Maddox), 새들백 교회의 Treasured Moms Ministry 설립자이자 진행자

"〈빨간 모자의 진실〉(Hoodwinked)은 친구로부터 온 격려의 편지처럼 읽힌다. 그것은 은혜와 성경적 지혜와 영감으로 가득하다. 자녀 양육에 관한 많은 책들은 '내가 다 잘못하고 있는 건가?' 하는 의문을 갖게 만든다. 그런데 캐런과 루스는 용감하게 자신들을 드러내며, 우리가 있는 바로 그 자리에서 우리 엄마들을 만나준다. 이 책은 피곤한 나날들 속에서 우리에게 정말 필요한 희망과 격려를 준다."

_코트니 조셉(Courtney Joseph), WomenLivingWell.org, Home of Good Morning Girls 작가이자 블로거

"캐런과 루스는 자녀에게 가장 좋은 것을 주기 원하는 많은 엄마들을 괴롭히는 죄책감, 불안, 무력감의 목소리들과 싸우는 것이 어떤 것인지 이해한다. 〈빨간 모자의 진실〉에서 그들은 삶을 변화시키는 진리들을 나눈다. 그것은 모든 엄마들이 자녀 양육의 여정에서 살아남기 위해서 뿐만 아니라 확신과 기쁨 가운데 살아가기 위해 붙들 만한 진리들이다."

_크리스탈 에반스 허스트(Chrystal Evans Hurst), 베스트셀러 *She's Still There* 저자

"캐런 이먼의 블로그는 내가 초기에 접한 블로그 중 하나였고, 캐런은 언제나 나에게 멘토가 되어주었다. 캐런의 글은 내 마음의 말이다. 그녀의 글은 하나님의 마음을 울린다."

_앤 보스캠프(Ann Voskamp), 뉴욕타임즈 베스트셀러 *One Thousand Gifts*와 *The Broken Way* 저자

"루스 슈벤크는 참호 속에 있는 엄마들의 대사(ambassador)다. 그녀는 우리의 마음을 무겁게 누르는 염려들을 알고 있으며, 자녀 양육의 여정에서 기쁨을 빼앗아가려고 위협하는 엄마의 죄책감을 이해한다. 또한 그녀는 우리가 그것을 통해 성장하고 그 안에서 자유를 발견하도록 돕는 일에 열정을 갖고 있다."

_지니 커니언(Jeannie Cunnion), *Mom Set Free* 저자

"마음의 스승인 캐런은 성경의 예들과 어렵게 얻은 지혜와 실제 삶의 이야기들을 잘 엮어서 우리 세계에 절실히 필요한 자원을 만들어낸다."

_리즈 커티스 힉스(Liz Curtis Higgs), 베스트셀러 *The Girl's Still Got It* 저자

"루스는 자신의 연약함을 드러내고 자녀 양육의 여정을 다룬 개인적인 이야기들을 나눔으로써, 우리 모두가 그리스도를 더욱더 닮아가려고 노력하는 것처럼 엄마들이 의도적으로 더 좋은 엄마가 되려고 노력하도록 영감을 준다. 루스의 자녀 양육과 결혼생활 이야기들은 공감대를 형성하며, 우리 중 누구도 사실상 혼자서 분투하고 있지 않다는 것을 알게 해준다."

_제니퍼 스미스(Jennifer Smith), *The Unveiled Wife*와 *Wife After God* 저자

"캐런 이먼은 청량제 같은 사람이다. 그녀는 말을 지혜롭게 사용하며 때로 부정적인 세상에 하나님의 인자하심을 전한다. 그리고 다른 사람들을 후대하는 것에 대한 실제적인 아이디어와 믿음 충만한 영감을 준다. 나의 소셜 미디어를 접하는 모든 사람이 그녀의 '조용히 하라'는 메시지를 듣고 그 안에 담긴 조언을 따르기 바란다."

_캔디스 카메론 부레(Candace Cameron Bure), 뉴욕타임즈 베스트셀러 작가, 배우, 프로듀서

"루스의 글은 경청해야 할 카운슬러, 함께 걸어야 할 친구, 그리고 자녀 양육의 모든 단계에서 하나님의 은혜와 진리를 구하는 법을 배운 사람의 노련한 목소리가 되어줄 것이다."

_샐리 클락슨(Sally Clarkson), 강사, 블로거, 팟캐스터, 수많은 베스트셀러의 저자

눈 딱 감고, 눌러라
일시 정지

혹 당신의 하루가 수많은 의무와 해야 할 일의 끝없는 목록들로 꽉꽉 채워져 있는가? 당신이 나와 같다면, 그 대답은 "네"일 것이다! 만약 그렇다면 여기서부터 시작해보라: 휴대폰 알림을 모두 끄라, 더러운 빨랫감들을 조금만 더 못 본 척하라, 마감이 코앞에 닥친 프로젝트 혹은 오늘 저녁에 뭘 먹어야 할까에 대한 생각을 멈추라. 이런 것들이 당신을 지치게 한다면, 당신에게 가장 필요한 것은 더 좋은 시간 관리 기술이나 걱정을 줄이기 위한 팁들이 아니다. 당신에게 필요한 것은 평온한 영혼이다.

여러 가지 일들을 곡예하듯 해치우는 바쁜 여성으로서, 우리는 일시 정지 버튼을 누르고 우리의 영혼을 새롭게 하는 일이 얼마나 어려운지 잘 안다. 하지만 그것은 중요한 일이다! 당신이 직장인이거나 전업주부거나 부모거나 자녀거나 학생이거나, 어디에 속하든 간에, 지금 당신의 힘들고 지친 마음에 가장 필요한 것은 '쉼'이다.

우리에게는 시간을 잘 관리하는 법이 아니라 우리의 생각을 하나님과 그분의 말씀에 집중하며 하나님을 만나는 시간이 필요하다.

이 책에는 100가지 묵상글이 담겨 있다. 우리는 당신이 있는 그 자리에서 각각의 묵상글을 접하길 바란다. 그리고 그것이 바쁜 일상의 소음을 뚫고 당신에게 전해지기를 기도한다.

예수님과 만나기 위한 조용한 시간을 가져라. 각 글에 주어진 성경 말씀을 깊이 생각하고, 통찰을 얻는 것, 묵상을 위한 질문들은 당신의 마음과 하나님의 마음이 연결되도록 도와줄 것이다.

하루의 임무들을 수행하러 가기 전에 구세주를 묵상하고, 짧게라도 그분의 말씀에 당신의 생각을 집중하는 시간을 가질 때 예수님이 당신에게 간절히 주기 원하시는 것을 발견할 수 있다.

바로 그분의 평안이다.

그분의 놀라운 사랑 안에서

캐런과 루스

CONTENTS

추천의 글
서문

"사랑하는 주님,

제가 매일 죽는 법을 배우게 하소서.

하나님을 기쁘시게 하는 행동과

반응을 하게 하소서.

예수님의 이름으로 기도합니다.

아멘."

settle my SOUL

1

특별한 이유 없는 특별한 동정

"우리가 구조된 후에 안즉 그 섬은 멜리데라 하더라
비가 오고 날이 차매 원주민들이 우리에게 특별한 동정을 하여
불을 피워 우리를 다 영접하더라."

사도행전 28:1,2

소셜 미디어에서 모르는 사람을 위해 과도하다 싶을 정도로 일하는 사람의 이야기를 읽어본 적이 있는가? 이를테면, 레스토랑 종업원에게 일반적 수준인 20퍼센트가 아니라 500퍼센트의 팁을 주는 일 같은 것 말이다. 나는 이런 이야기들을 사랑한다. 그리고 이런 이야기들은 온라인에만 있는 것이 아니다.

어느 날, 내 성경책의 신약성경 한 페이지에서 두 단어가 담긴 구절이 불쑥 튀어나왔다. 이 구절들은 내 생각을 재정립해주었고, 이후 내 인생의 사명이 되었다.

사도행전 28장 1,2절에서 우리는 외딴 섬에 살던 무명의 사람들을 만난다. 사도 바울을 포함한 많은 사람들을 태운 배가 폭풍우 속에서 갑자기 조난을 당해서 도착한 섬이다.

"우리가 구조된 후에 안즉 그 섬은 멜리데라 하더라 … 원주민들이 우리에게 특별한 동정을 하여."

'특별한 동정.' 나는 이 구절에 제시된 이 과도한 행위의 이유를 사랑한다. 이 구절은 바울과 그의 동료들이 중요한 사람들이었기 때문에 특별한 동정을 베풀었다고 말하지 않는다. "조난당한 사람들은 섬 원주민들과 같은 정치적, 신학적 견해를 갖고 있었다"라고도 말하지 않는다. 그들이 이 특별한 동정을 받은 이유는 단지 '비가 오고 날이 차기' 때문이었다.

오늘날 우리는 어려움에 봉착한 온갖 사람들을 만난다. 항상 이런 상황을 보게 되진 않지만, 그럼에도 불구하고 그들은 존재한다. 아마도 이 사람들은 약간의 동정을, 더 좋게는 특별한 동정을 필요로 할 수 있다.

동정이 식료품점에서 나가는 어르신을 위해 문을 잡아주는 것이라면, 특별한 동정은 그 사람이 구입한 식료품을 대신 들고 가서 차에 실어주며, 고맙다는 그의 인사에 "제가 좋아서 한 일입니다"라고 말하며 보내는 것이다.

동정은 카페에서 난리를 치는 두 아이와 함께 피곤에 절어 앉아 있는 엄마를 말없이 쳐다보는 것이 아니라, 미소를 지어주는 것이다. 그에 비해 특별한 동정은 그녀에게 아주 중요한 일을 하고 있으니 힘내라고 말하며 그녀의 커피 값을 내주는 것이다.

동정은 홀로 굳세게 살아가는, 갓 이사 온 이웃을 위해 작은 소리로 기도하는 것이다. 특별한 동정은 그를 당신의 집으로 초대해서 주말 저녁 식사를 함께하고, 그를 당신 가족의 일상생활 속으로 맞아들이며, 그를 더 잘 알아가기 위한 질문을 던지는 것이다.

오늘, 누군가에게 특별한 동정을 베풀어보라. 당신이 그렇게 할 때 그 누군가, 그리고 당신 자신이 행복해질 것이다. *Karen*

"아버지, 오늘 제가 사람들을 만날 때
멜리데 섬 주민들의 본을 기억하고 주님의 이름으로
특별한 동정을 베풀도록 도와주세요.
예수님의 이름으로 기도합니다. 아멘."

＊ 당신이 삶에서 만나는 사람들을 위한 '특별한 동정' 아이디어들을 생각나는 대로 적어보라.

2

고독에 대하여

"새벽 아직도 밝기 전에 예수께서 일어나 나가

한적한 곳으로 가사 거기서 기도하시더니."

마가복음 1:35

나는 성인이 될 때까지 고독의 훈련을 온전히 이해하지 못했다. 물론 하나님의 말씀을 읽고, 성경 구절을 암송하며, 기도 시간을 갖고, 다른 사람들을 섬김으로써 그리스도 안에서 성장하는 것에 대해 공부해왔다. 하지만 고독은, 특히 외향적인 사람인 나를 언제나 어리둥절하게 만들었다.

'외로운 걸 원하는 사람이 누가 있는가?'

나는 사람들을 사랑한다. 나는 언제나, 사람들을 멀리하는 것이 아니라 함께 있음으로써 활력을 얻었다! 그런데 삶의 기쁨과 요구들을 겪다 보니 홀로 있는 것의 중요성이 눈에 보이기 시작했다. 한때 낯설게 보였던 것이 이제는 꼭 필요한 것처럼 느껴지기 시작했다. 나는 마가복음 1장 35절 같은 구절들의 의미를 다시 발견했다.

예수님은 힘들고 긴 하루를 보내신 후, 일어나 혼자만의 시간을 가지심으로 새로운 하루를 시작하셨다. 즉, 그분은 고독을 연습하셨다. 예수님에게 고독이 필요했다면, 틀림없이 나에게도 필요할 것이다.

그러나 하나님은 내가 고독의 중요성을 단지 부분적으로 이해했을 뿐임을 나중에 보여주셨다. 우리 중 많은 이들이 고독을 단지 혼자만의 시간으로 여기는 경향이 있지만, 이 시간은 하나님과 단둘이 있는 시간이다. 하나님의 음성을 듣고 새롭게 되는 시간이다.

이 모든 것을 알고 있던 내가 놓쳐버린 중요한 부분이 있었다. 즉, 홀로 있는 시간은 그 자체가 최종 목적이 아니라, 훨씬 더 중요한 어떤 것을 위한 수단이라는 것이다. 그것은 예수님이 가르쳐주신 가장 큰 계명, 즉 하나님을 사랑하고 다른 사람들을 사랑하는 것이다.

다시 말하면, 고독은 사람들을 멀리하는 것에 관한 것이 아니라, 사람들을 위해 물러나 있는 것이다. 예수님은 사람들과 다시 관계를 맺어 그들을 사랑하고 치유하고 복 주기 위해 떠나신다. 고독은 우리가 홀로 있는 것을 요구하지만, 그렇게 함으로써 가족, 친구, 동료들과 다시 관계를 맺을 때 다른 사람들을 진정으로 사랑할 수 있게 한다.

고독은 우리 자신만을 위한 것이 아니라, 다른 사람들을 위한 것이다. *Ruth*

"아버지, 제 영혼은 오직 아버지 안에서만 안식을 발견합니다.
주님은 주님의 사랑과 은혜와 진리로 저를 새롭게 하십니다.
단지 저 자신을 위해서가 아니라 다른 사람들을 위해
고독의 훈련을 쌓아가도록 도와주세요.

주님과 단둘이 보내는 시간은 궁극적으로 제가 다른 사람들에게
더 가까이 다가가기 위한 것임을, 주님이 제 주위에 두신 사람들에게
생명과 치유와 진리와 소망을 전하기 위한 것임을 기억하게 해주세요.
예수님의 이름으로 기도합니다. 아멘."

＊ 당신의 삶 속에서 고독의 훈련을 시작할 수 있는 방법을 한 가지 생각해보라.

~~~~~~

~~~~~~

~~~~~~

~~~~~~

~~~~~~

~~~~~~

＊ 당신이 홀로 있는 시간을 훈련하기 위해 극복해야 할 중요한 장애물들은 무엇인가? 그
중에서 한두 가지를 적어보자.

~~~~~~

~~~~~~

~~~~~~

~~~~~~

~~~~~~

3

잠깐만요!

"형제들아 내가 그리스도 예수 우리 주 안에서 가진 바
너희에 대한 나의 자랑을 두고 단언하노니 나는 날마다 죽노라."

고린도전서 15:31

막내아들이 중학생이었을 때, 그 아이는 한 생명체가 살아남기 위해 점프하고, 몸을 굴리고, 재빨리 움직이고, 달음박질을 해야 하는 아이팟 게임들을 유독 좋아했다. 막내는 매일 아침, 내가 차로 학교에 데려다주는 그 짧은 시간에 그 게임들을 했다.

나는 학교에 데려다주는 차 안에서 아이들에게 무언가 좋은 교훈들을 가르치고 싶었다. 그리고 우리 엄마가 나에게 해주었던 "너희 죄가 반드시 너희를 찾아낼 줄 알라"에 대해 설교를 하기도 했다. 우리 아들은 그저 게임만 하며 귀담아 듣지 않는 듯했지만, 나는 그 아이가 듣고 있다는 걸 알고 있었다.

학교에 도착하면, 나는 주차할 자리를 찾으면서 아들에게 이제 내릴 시간임을 알려주었다. 그럴 때마다 아이는 여전히 게임에 몰두하며 나에게 똑같은 말을 했다.

"잠깐만요, 내가 죽어야 해요."

이를테면 이런 식이었다.

"지금 그만둘 수는 없어요. 이번 판까지만 깨고 죽게 해주세요. 그다음에 차에서 내릴게요."

그날도 아들이 이렇게 말하는데, 그 말이 내 영혼에 다가왔다.

그리스도를 따르는 자로서, 나는 자신에 대해 죽어야 한다. 하지만 종종 그렇지 않다. 나는 자신을 높인다. 자신을 더 끌어올린다. 다른 사람 생각은 거의 하지 않고, 나 자신에 대한 생각을 많이 한다. 그러나 나는 어떤 반응을 하기 전에, 거친 말을 퍼붓기 전에, 판단하거나 무정한 말을 하기 전에 심호흡을 할 필요가 있다. 잠시 멈추어 생각할 필요가 있다. 영적인 의미에서 "잠깐만, 내가 죽어야 해"라고 말할 필요가 있다.

우리는 어떻게 매일매일의 구체적인 삶 속에서 자신에 대해 죽는 것을 배우는가? 이렇게 매일, 매 시간, 순간순간 결정하는 일이 어렵다! 우리가 자신의 힘으로 자신에 대해 죽으려고 노력한다면, 그것은 불가능해 보일 것이다. 이러한 때에 우리는 성령이 주시는 능력을 깊이 퍼 올려 그분의 적절한 반응이 우리의 자연스럽고 악한 반응보다 앞서도록 해야 한다.

그러므로 만일 스스로에게서 하나님이 기뻐하시지 않을 반응을 보이려는 낌새가 보이면, 게임을 사랑하던 내 아들을 떠올리며 말하기 전에 심호흡을 해보라. 잠시 숨을 돌리며 마음을 집중하여 정신을 차리고 부드럽게 선언하라.

"잠깐만. 내가 죽어야 해." *Karen*

"사랑하는 주님, 제가 매일 죽는 법을 배우게 해주세요.

하나님을 기쁘시게 하는 행동과 반응을 하게 해주세요.

예수님의 이름으로 기도합니다. 아멘."

* 하나님이 당신에게 "일시 정지 버튼을 누르고 네 행동이 다른 사람들에게 어떤 영향을 미칠지 생각하는 시간을 가져보라"라고 요구하신 적이 있는가? 어떤 장소, 어떤 상황에서 그런 일이 있었는가?

4

하나님이 내 삶 속에 일하시는가?

"내가 새벽 날개를 치며 바다 끝에 가서 거주할지라도
거기서도 주의 손이 나를 인도하시며 주의 오른손이 나를 붙드시리이다."

시편 139:9,10

얼마 전에 우리의 세상이 완전히 뒤집어졌다. 몇 번의 검사를 마친 후, 마침내
의사들이 내 남편에게 일종의 백혈병 진단을 내린 것이다. 그 소식을 처음 들
었을 때 내 마음은 요동쳤고, 내 안에서 모든 감정이 폭발했다. 나는 두려움과
불안, 분노까지 느꼈다.

'하나님, 지금 뭘 하고 계십니까?'

나는 자신에게 말했다.

'이건 다른 사람들에게나 일어나는 일이야. 난 아니야.'

하지만 그럴수록 더욱, 내 남편과 나는 인생의 새로운 시즌으로 밀려들어
갔다. 우리가 상상하거나 원했던 것과 다른 여정이었다. 하지만 이것은 우리
의 삶이었다. 내가 원하든 원치 않든, 나는 이 질문에 답을 해야만 했다.

"하나님이 이 안에서 정말로 일하고 계신가?"

삶이 내가 원하는 길로 나아가지 않을 때, 분노하기 쉽다. 인생이 어떠해야 하고 어떻게 되면 안 되는지에 대해 도덕적 판단을 내리기 시작할 수 있다. 하지만 이것은 본질적으로 내가 하나님보다 더 내 인생을 잘 계획할 수 있다고 말하는 것이다! 하나님이 무관심하시고, 부재하시며, 혹은 잔인하시다고 생각하고 싶은 유혹이 들 수 있다. 따라서 하나님이 내 삶 속에서, 또 내 삶을 통해 원하시는 일을 이루실 능력이 있음을 내 마음이 믿고, 기다리며, 의지하지 않을 때는 분노가 모습을 드러낼 수 있다.

남편의 암 진단을 통해, 나는 새로운 방식으로 하나님을 신뢰하는 법을 배우고 있다. 내 마음이 드러날수록 내 믿음은 확장되었다. 시련 가운데 있지만, 나는 하나님이 내 삶 속에서 정말로 일하고 계심을 배우고 있다. 화를 내거나 원망하고 싶은 마음이 들 때 하나님은 나에게 상기시켜주신다. 하나님은 선하시고, 그분의 목적은 실패하지 않으며, 오늘의 성경 구절처럼 그분의 손이 나를 인도하실 거라고(시 139:10).

지금 당신은 어떤 일을 겪고 있는가? 하나님의 선하심이나 그분이 당신의 삶 속에서 일하고 계심을 의심하려 하는가? 당신의 분노가 하나님의 존재와 목적을 의심하는 마음을 드러내고 있지는 않는가?

폭풍우 속에서도 하나님을 의지하고 그분과 동행하는 지혜와 믿음을 하나님이 당신에게 주시기를 기도한다. *Ruth*

"아버지, 저는 아버지를 믿습니다. 주님이 선하시고 신실하시다는 것을 압니다.
주님의 목적들은 결코 실패하지 않음을 알고, 제 계획들을 주께 맡깁니다.

지금 상황이 이해가 되지 않을지라도 하나님을 믿고 순종하는 믿음을 주세요.

주님이 저와 함께, 저를 위해 계심을 믿습니다.

예수님의 이름으로 기도합니다. 아멘."

＊ 하나님의 임재를 의심하는 마음은 어떻게 분노로 이어지는가?

＊ 당신 삶의 어느 영역에서 하나님이 일하고 계심을 의심하려는 유혹이 가장 큰가?

5

옛 자아를 찾아서

"찬송하리로다 그는 우리 주 예수 그리스도의 하나님이시요
자비의 아버지시요 모든 위로의 하나님이시며 우리의 모든 환난 중에서
우리를 위로하사 우리로 하여금 하나님께 받는 위로로써
모든 환난 중에 있는 자들을 능히 위로하게 하시는 이시로다."

고린도후서 1:3,4

나는 침대에 앉아 연보라색 침대보를 돌돌 말고서, 정말 더 이상 남은 눈물이 없다고 느껴질 때까지 흐느껴 울었다. 내 안의 열한 살짜리 자아는 또다시 희망을 산산조각 내며 슬픔의 파도를 일으켰다. 그 파도는 내가 지쳐 쓰러져 잠이 들어야 잠잠해졌다.

여러 해 동안 내 방의 네 벽은 관계와 현실과 새로운 일상에서 필사적으로 항해하려 애쓰는 어린 소녀의 마음의 울부짖음을 목격했다.

고등학교 졸업을 앞두고 있을 때 나는 길 건너 작은 시골 교회를 알게 되었고, 그곳에서 복음을 들었다. 나는 성령의 초청에 응답하고 예수님을 믿었다. 신자가 되었다고 내 상황들이 달라지진 않았다. 하지만 그런 상황들에 대한 내 반응은 달라졌다.

교회에서 만난 멘토, 미스 팻과 함께 시간을 보내면서, 내 슬픔을 어디로 가져가야 하는지, 내 통한을 어떻게 다루어야 하는지, 어떻게 하나님의 사랑의 보호 안에서 위안을 찾아야 하는지 알게 되었다.

오늘의 성경 구절인 고린도후서 1장 3,4절은 바로 이 개념을 묘사한다. 미스 팻은 과거에 하나님이 자신을 위로해주셨던 방법들을 생각하면서 똑같은 위로를 내게 전해주었고, 내 삶의 여러 가지 상황들에 대처하도록 도와주었다. 그녀는 내가 자비의 하나님을 바라보게 해주었다.

오늘날 십대와 청년이 된 자녀들의 어머니로서, 가끔씩 그녀와 비슷한 상황에 있는 나 자신을 발견한다. 하나님이 내게 보내신 사람들을 여러 면으로 도움으로써 내가 과거의 미스 팻과 같은 존재가 되어감을 느낀다. 나는 나 자신이 그리스도께 받은 위로로 다른 사람들을 위로하고 있다.

당신의 과거의 아픔들이 무의미하게 느껴진다면, 나에게 매우 간단한 해답이 있다. 당신의 옛 자아를 찾아가 그녀를 격려해주라. 그녀를 위로해주라. 그녀를 사랑해주라. 그녀가 그리스도를 바라보게 하라. 그렇게 할 때 당신의 과거의 아픔 속에서 목적을 발견할 수 있을 것이다. 그리고 당신은 위로의 순환을 계속 이어가는 사람에게 본보기가 될 것이다. *Karen*

"아버지, 제 소망이 되어주시고

제 모든 고난 속에서 저를 위로해주셔서 감사합니다.

하나님이 wp게 신실하셨던 이야기들로

다른 사람들을 격려하게 해주세요.

예수님의 이름으로 기도합니다. 아멘."

＊ 당신의 옛 자아는 누구인가? 아래 칸에 묘사해보라. 당신의 인생에서 그 시기에 어떤
위로를 받고 싶었는지 묘사해보라. 이것을 염두에 두고, 이 옛 모습을 찾는 데 전념하
라. 발견하거든, 그 아이를 사랑해주라.

6

생각을 재정비하기

"이 율법책을 네 입에서 떠나지 말게 하며
주야로 그것을 묵상하여 그 안에 기록된 대로 다 지켜 행하라
그리하면 네 길이 평탄하게 될 것이며 네가 형통하리라."

여호수아 1:8

매일, 당신의 생각을 가장 많이 차지하는 것은 무엇인가? 기회가 주어질 때마다 당신의 마음은 어디로 헤매고 다니는가? 걱정이나 스트레스에 자주 압도당하는가? 그럴 때 할 만한 가장 좋은 일은 하나님의 진리와 사랑을 묵상하는 것이다.

하나님은 우리의 생각을 바꾸심으로써, 즉 우리의 생각들을 재정리함으로써 우리를 변화시키신다는 것을 성경에서 금세 발견할 수 있다. 여호수아 1장 8절은 우리에게 하나님의 말씀을 잘 지키라고 말한다. 그 말씀을 우리 입에서 떠나지 말게 하며 주야로 묵상하라.

묵상은 생각의 부재가 아니다. 묵상은 바르게 생각하는 행위다. 하나님이 우리에게 묵상하라고 하실 때는 우리의 생각을 비우라는 것이 아니라, 우리의 생각을 그분께 집중시키라는 것이다. 하나님의 말씀을 묵상하는 것은 말씀을 신중하게 판단하고 한 구절에 대해 거듭 생각하는 것이다. 그것은 계속 하나님의 말씀으로 돌아가고 하나님이 우리에게 보여주시는 선하심을 마음에 새기는 것이다.

하나님의 말씀을 묵상할 때, 다음과 같이 함으로써 하나님이 우리를 변화시키시도록 할 수 있다.

- 무슨 덕이 있거나 기림이 있는 것을 생각한다(빌 4:8).
- 우리의 생각이 성령의 지배를 받게 한다(롬 8:6).
- 우리의 마음에 하나님 말씀의 진리를 주기적으로 공급한다(롬 12:1,2).
- 하나님의 약속들을 의지하고 묵상한다(시 62:1,2).
- 하나님의 말씀으로 기도한다(느 9:6-37).

어쩌면 하나님은 당신이 오늘 성경을 네다섯 장 읽는 대신 단 한 구절을 천천히 묵상하길 원하실 것이다. 말씀을 충분히 흡수하라. 당신의 마음을 공격하는 모든 거짓말과 싸워 물리치라. 참된 것들을 생각하라. 하나님이 당신의 생각들을 변화시키심으로 당신을 변화시키시게 하라. *Ruth*

"아버지, 아버지의 말씀은 제 발에 등입니다.
오늘 주님의 진리를 천천히, 깊이 생각하도록 저를 가르쳐주세요.
의심과 낙심, 거짓말들로부터 제 생각들을 지켜주세요.

주의 말씀으로 제 마음을 가득 채워주시고,

제 생각이 성령의 지배를 받음으로 더 큰 생명과 평안을 경험하게 해주세요.

예수님의 이름으로 기도합니다. 아멘."

＊ 지금 당신이 말씀을 따르기 위해 싸우고 있는 생각은 무엇인가?

＊ 오늘부터 하나님의 말씀 묵상을 시작할 수 방법은 무엇인가?

7

전체 이야기를 알라

"그러므로 예수께서 자기를 믿은 유대인들에게 이르시되

너희가 내 말에 거하면 참으로 내 제자가 되고

진리를 알지니 진리가 너희를 자유롭게 하리라."

요한복음 8:31,32

당신의 첫 직장을 기억하는가? 내가 청년 시절에 가장 사랑했던 직장은 4세 아이들을 위한 수업을 하며 두 해 여름을 보낸 자연 생태관이었다. 나는 그곳에서 일하면서 연못의 생물들을 알아보는 법, 얼룩다람쥐와 열세줄땅다람쥐를 구별하는 법을 배웠다. 그중 가장 중요한 것은 덩굴옻나무를 찾아내는 법이었다.

덩굴옻나무 식별 기술은 꽤 오랫동안 쓸모가 있었다. 한번은 한 친구가 자신의 헛간 천지에 옻나무가 자라는 것 같다고 했다. 살펴보니 그녀의 말이 맞았다. 그래서 그녀의 가족은 긴소매 옷에 장갑까지 끼고 그것을 조심스럽게 제거했다.

하지만 그 뒤에, 그들은 거대한 모닥불을 만들어 옻나무를 다 태웠고, 그 옆에 서서 마시멜로를 구웠다고 했다. 오, 이런!

내 친구는 덩굴옻나무를 만지는 것이 위험하다는 건 알았지만, 그 식물을 태우는 것, 즉 식물의 기름이 섞여 있는 연기를 만들어내는 것이 나무를 만지는 것보다 더 나쁜 반작용을 일으킬 거라는 생각을 하지 못했던 것이다.

아니나 다를까, 그녀의 온 가족은 특히 얼굴에 심한 발진이 생겼고, 눈이 심하게 충혈되었고, 극도로 가려워했다. 한 아들은 심한 호흡기 반응이 나타나기까지 했다. 이 모든 일은 그녀가 덩굴옻나무에 대해 반쪽 진리만 알고 있었기 때문에 일어났다. 즉, 그것을 만지면 해롭다는 것만 알았지, 그것을 태우는 것이 더 해롭다는 것을 몰랐다.

오늘의 성경 구절에 나오는 예수님을 '믿은' 유대인들처럼(요 8:31), 우리가 하나님과 동행하기 시작하는 것은 이야기의 절반에 불과하다. 우리는 거기서 멈출 수 없다. 그리스도 안에서 계속 성장해야 하고, 계속해서 하나님의 말씀 안에서 행해야 한다. 그것이 우리를 자유롭게 하고, 죄가 우리의 삶을 해치고 엉망진창으로 만들며 고통스럽게 하는 것을 막아준다.

예수님은 우리를 구원하셨으나(과거 시제), 우리가 협력해야만 계속해서 우리를 온전케 해주신다(현재 시제).

얼마나 영광스러운가? 우리는 진리를 알 수 있다. 진리는 우리를 자유케 한다. 어떻게? "너희가 내 말에 거하면"(31절).

단지 예수님을 믿음으로 이야기의 절반만 삶으로 실천하지 말라. 우리는 계속 나아가며 성숙해져야 한다. *Karen*

"아버지, 제가 단지 하나님을 믿는 것에 안주하지 않고

계속해서 하나님의 말씀 안에 거함으로

진리를 발견하도록 도와주세요.

예수님의 이름으로 기도합니다. 아멘."

* 당신이 하나님의 말씀 안에 계속 거하는 것을 방해하는 것은 무엇인가? (바쁜 생활, 게으름, 서툰 시간 관리 등) 하나님의 말씀 안에 머무는 시간을 더 잘 보내기 위해 어떤 변화를 시도해볼 수 있겠는가?

8

우리를 사랑하시는 하나님

"여호와여 우리가 주께 바라는 대로
주의 인자하심을 우리에게 베푸소서."

시편 33:22

시편 33편은 아름다운 찬양의 노래다. 그것은 하나님의 말씀과 정의, 신실하심으로 인해 하나님을 찬양하는 데서 하나님의 장대한 창조 행위를 이야기하는 데로 나아간다. 시편 기자는 약속을 지키시는 하나님을 찬양하고 하나님이 우리의 왕이심을 확신하며 기뻐했다. 우리가 어떤 일을 겪고 있든 간에, 찬양 속에서 하나님을 만나고 "우리 영혼이 여호와를 바랄" 수 있으니 "그는 우리의 도움과 방패이시다"(시 33:20).

그러나 시편 기자는 글을 마칠 때 하나님의 변함없는 능력, 이해할 수 없는 지혜, 비할 데 없는 영광으로 끝내지 않는다. 물론 하나님은 그 모든 것을 갖고 계신다. 아무도 하나님과 같은 이가 없다. 많은 도전자들이 있음에도 불구하고, 하나님께는 경쟁자가 없다. 하나님은 강하고, 지혜롭고, 선하며, 영광스러우시다. 그러나 오늘의 본문에서 시편 기자는 하나님의 인자하심에 호소했다.

"여호와여 우리가 주께 바라는 대로 주의 인자하심을 우리에게 베푸소서"(22절).

하나님은 끝없는 사랑이시다. 우리가 부족할 때에도 그 사랑은 고갈되거나 부족하지 않다. 하나님의 사랑은 진짜 사랑이다. 그것은 사람들로부터 오는 최고의 칭찬보다 더 좋은 것이다. 하나님은 참으로 우리를 온전히 아시면서도 우리를 가장 사랑하시는 유일한 분이다.

하나님이 당신을, 진짜 당신을 사랑하신다는 것을 믿기 어렵다면 십자가만 바라보라. 십자가 위에서, 예수님은 그분의 사랑을 쏟으시며 하나님의 정의를 만족시키셨다. 예수님은 우리를 대신해서 우리의 죗값을 치르셨다. 믿음으로 인해, 예수님의 보혈이 우리를 덮는다. 우리를 깨끗하게 씻겨준다. 우리를 새롭게 한다. 우리를 숨은 곳에서 불러낸다. 가식이나 허세를 부릴 필요가 없게 해준다. 우리는 하나님의 다함 없는 사랑으로 온전히 사랑받고 있다.

당신은 그것을 믿는가? 하나님의 인자하심이 당신의 영혼을 위한 닻인가? 아니면 당신은 여전히 다른 사람들과 하나님께 자신을 입증해 보이려고 애쓰고 있는가? 오늘 하나님의 인자하심이 당신에게 머물기를 기도한다. 하나님이 당신을 얼마나 소중히 여기시고, 당신과 함께하시며, 당신을 붙들어주기 원하시는지 알고 또 믿게 되기를 기도한다. *Ruth*

"아버지, 저는 단지 저를 향한 주님의 사랑을
아는 데서 멈추고 싶지 않습니다.
주님의 그 사랑을 느끼고 싶습니다.

그리스도 안에서 저를 향한

하나님의 무조건적인 사랑을 경험하도록 도와주세요.

주님의 선하심과 은혜의 깊이를 저에게 가르쳐주실 때 제 영혼에 평안을 주세요.

하나님의 사랑이 저에게 가장 중요합니다.

예수님의 이름으로 기도합니다. 아멘."

＊ 당신은 하나님의 사랑을 얻기 위해 어떻게 애쓰고 있는가?

● 당신이 매일 하나님의 사랑에 의존할 수 있는 한 가지 방법은 무엇인가?

9

자동 수정되는 기도들

"이와 같이 성령도 우리의 연약함을 도우시나니
우리는 마땅히 기도할 바를 알지 못하나 오직 성령이 말할 수 없는 탄식으로
우리를 위하여 친히 간구하시느니라."

로마서 8:26

나는 싱싱한 꽃들로 아름답게 장식되어 있고, 맛있는 음식이 가득한 여성 컨퍼런스 테이블에 앉아 있었다. 그 테이블에서 다섯 명의 여성들과 나는 많은 주제에 대해 대화를 나누었다. 대부분은 아는 사람들이었지만, 내 바로 옆에 앉은 이는 한 번도 만난 적이 없는 사람이었다.

"제 이름은 멤(Mem)이에요."

그녀가 자신을 소개했고, 우리는 서로를 알아가기 시작했다. 멤은 다른 대륙에서 왔다. 그녀는 영어를 아주 잘했지만, 가끔 자기가 하려는 말을 전달할 정확한 단어를 찾지 못했다.

몇 분 동안 대화를 나눈 후 나의 새 친구는 나의 어떤 점을 칭찬해주려 했지만 그녀의 언어가 정확한 감정을 전달해주지 못했다. 그녀는 깊이 한숨을 쉬더니 좌절하며 이렇게 말했다.

"오, 캐런. 제 말이 이해가 안 될 땐 부디 제 마음의 소리를 들어주세요."

이 사랑스러운 여자의 요청은 그날 이후로 계속 내 마음에 머물렀고, 나로 하여금 기도에 대해 생각하게 만들었다. 나는 하나님께 말씀드릴 적절한 단어들을 찾을 수 없을 때가 너무나 많다.

로마서 8장 26절에는 마음에 확신을 주는 약속이 있다.

"성령도 우리의 연약함을 도우시나니 우리는 마땅히 기도할 바를 알지 못하나 오직 성령이 말할 수 없는 탄식으로 우리를 위하여 친히 간구하시느니라."

그것은 마치 하나님께서 우리의 기도를 자동 수정하시는 것과 같다! 휴대폰이나 컴퓨터의 자동 수정 기능은 우리가 타이핑을 할 때 철자나 문법에 오류가 있으면 자동으로 그 오류를 수정한다. 성령께서 친히 말할 수 없는 탄식으로 우리를 위해 간구하신다는 사실은 얼마나 큰 위로인가. 우리가 기도할 말을 찾지 못할 때 하나님은 우리 마음의 소리를 들으신다.

때로 감정들이 너무 깊어서 말로 표현할 수 없을 때마다 나는 성령께서 나를 위해 간구하시고 내 열망들을 자동 수정하셔서 그것을 하나님의 보좌로 가져가주실 거라고 믿었다. 나는 본질적으로 주께 "부디 제 마음의 소리를 들어주소서"라고 말하고 있었던 것이다.

로마서 8장 26절의 진리를 기억하고, 하나님의 성령이 당신을 위해 중보하시게 하라. 하나님은 당신을 온전히 아신다. 당신의 생각과 갈망, 마음의 모든 갈망들을 아신다. 당신이 적합한 단어들을 찾을 수 없을 때에도 하나님이 당

신의 가장 깊은 기도에 응답해주실 것을 믿으라. *Karen*

"아버지, 제가 적절한 말을 찾지 못할 때에도 성령께서 저를 위해 간구하시고
제 요청들을 하나님께 가져가주실 것을 믿으며 담대하게 기도하도록 도와주세요.
예수님의 이름으로 기도합니다. 아멘."

* 성령께서 당신을 위해 간구하신다는 것을 안다면, 기도를 바라보는 관점이 어떻게 달라
질 수 있을까?

10

가장 어려운 수업

"예수께서는 고물에서 베개를 베고 주무시더니 제자들이 깨우며 이르되

선생님이여 우리가 죽게 된 것을 돌보지 아니하시나이까 하니."

마가복음 4:38

우리는 조사를 마쳤다. 어떤 보트가 우리에게 가장 적합할지 알아냈다. 우리는 보트 안에 들어가 앉아, 손으로 노를 잡고, 진짜 물속에 있는 것처럼 저어보았다. 그리고 큰맘 먹고 우리의 첫 번째 카약을 구매했!

유일한 문제는, 우리가 실제로 카약을 타고 물에 들어간 적이 없다는 것이었다. 카약 타는 법을 배우려면 물에 들어가는 방법이 유일한 데 말이다. 우리는 물가에서 몇 가지 수업을 들을 수 있다. 하지만 반드시 물속에서 배워야 하는 것들이 있다. 이것은 예수님이 그분의 제자들을 가르치신 방법이기도 하다.

마가복음 4장을 처음부터 읽어보면 예수께서 '바닷가에서' 가르치셨다는 것을 발견한다(1절). 사람들이 모여들었고, 예수님은 그들에게 하나님나라에 관한 몇 가지 비유들을 말씀해주셨다.

그런데 35절에서 흥미로운 일이 일어났다. 예수님이 물가에서 가르치시다가 물속에서 제자들을 가르치신 것이다. 예수님은 제자들을 배에 태워 바다로 들어가셨고, 거기서 그들은 곧 심한 폭풍우의 위협을 받았다. 나도 그랬겠지만, 제자들은 겁에 질려 평온하게 주무시는 예수님을 깨우러 달려갔다.

폭풍우가 실제적이지 않았거나, 위험하지 않았거나, 심각하지 않았던 것은 아니다. 그러나 제자들에게 진짜 위험한 것은 바람과 파도가 아니었다. 진짜 위험한 건 그들에게 믿음이 없었고(40절), 예수님이 그들과 함께하신다는 확신이 없는 것이었다. 즉, 폭풍우 속에서도 예수님은 신실하시며, 그들을 궁지에서 벗어나게 하실 수 있고, 혼돈을 가라앉힐 힘이 있으시다는 확신이 없었다.

예수님은 그분의 능력과 선하심과 신실하심을 보여주기 위해 제자들을 물가에서 바다로 데리고 들어가셔야만 했다. 물가의 교실이 아니라, 폭풍우 속의 혼돈이 그들에게 가장 큰 배움의 순간이 되었을 것이다.

당신은 폭풍우 한가운데서 배를 타고 바다에 있는 자신을 발견하는가? 폭풍우 한가운데서도 예수님이 당신과 함께, 당신을 위하시는 하나님이심을 깨달을 필요가 있는가? *Ruth*

"아버지, 주님은 제 도움이시며 방패이십니다. 제 마음이 주님을 기뻐합니다.
지금, 소용돌이치는 제 주변의 모든 상황에도 불구하고 주님이 계시다는 것을 압니다.
주님은 제 하나님이시요 구세주이시니, 저는 주님을 믿고 의지할 것입니다.
제 믿음을 키워주시고, 계속해서 저에게 주의 신실하심을 보여주세요.
예수님의 이름으로 기도합니다. 아멘."

＊ 예수님이 당신의 믿음을 성장시키기 위해 교실 대신 폭풍우 속의 혼돈을 사용하신 때가
있었는가?

~~~~~~

~~~~~~

~~~~~~

~~~~~~

~~~~~~

~~~~~~

~~~~~~

＊ 폭풍우는 당신이 무엇을 믿는지, 또한 무엇을 믿지 않는지도 보여준다. 어떻게 그렇게
하는가?

~~~~~~

~~~~~~

~~~~~~

~~~~~~

~~~~~~

~~~~~~

~~~~~~

11

진짜 소유자

"모든 것이 주께로 말미암았사오니
우리가 주의 손에서 받은 것으로 주께 드렸을 뿐이니이다."

역대상 29:14

어느 봄날 오후, 나는 너무 흥분해서 제정신이 아니었다. 갓 나온 운전면허증을 지갑에 넣고, 아빠에게 차 열쇠를 받아 커틀러스(Cutlass)를 시운전해보기로 했다. 나 혼자서! 그 차가 녹슨 얼룩에 빛바랜 국방색 페인트를 칠한 오래된 고물차라는 건 중요하지 않았다. 나는 그것을 "내 차"라고 부를 수 있어 신이 났다.

당신의 경우에는, 첫 자전거를 갖게 되었을 때 자부심을 느꼈을지 모르겠다. 혹은 몇 년 동안 아끼고 저축해서 당신의 첫 집을 갖게 되었을 때 이런 기쁨을 느꼈을지도 모른다. 크든 작든 간에, 우리는 자기 것을 좋아한다. 하지만 이런 질문이 제기된다.

"내 것의 진짜 소유자는 누구인가?"

성경은 우리가 '내 것'이라고 부르는 것에 대한 올바른 시각을 제공해준다.

역대상 29장에서 다윗 왕은 하나님의 성전을 지을 준비를 하고 있었다. 그는 성전 건축을 위해 모든 자원을 아낌없이 사용하겠다고 했다. 성전 건축을 위한 자원을 모은 후, 다윗은 하나님을 찬양했다.

"우리 조상 이스라엘의 하나님 여호와여 주는 영원부터 영원까지 송축을 받으시옵소서 여호와여 위대하심과 권능과 영광과 승리와 위엄이 다 주께 속하였사오니 천지에 있는 것이 다 주의 것이로소이다"(10,11절).

그는 계속해서 이렇게 말했다.

"나와 내 백성이 무엇이기에 이처럼 즐거운 마음으로 드릴 힘이 있었나이까 모든 것이 주께로 말미암았사오니 우리가 주의 손에서 받은 것으로 주께 드렸을 뿐이니이다"(14절).

와우! 당신은 알았는가?

"모든 것이 주께로 말미암았사오니 우리가 주의 손에서 받은 것으로 주께 드렸을 뿐이니이다."

이것은 우리의 소유물에 대한 놀라운 관점이다. 우리가 이 땅에서 열심히 일해서 얻는 모든 것이 실제로 우리의 것이 아님을 깨닫는 것은 미묘하지만 중요한 변화다.

질문은 이렇게 요약된다.

"당신의 것은 누구의 소유인가? 당신은 다른 사람들의 삶을 더 좋게 만들기 위해 기꺼이 자기 것을 나누려 하는가?"

우리가 하나님을 이렇게 섬길 때 오는 만족은 결코 썩거나 더럽혀지거나 쇠하지 않을 것이다(벧전 1:4). *Karen*

"사랑하는 하나님, 제 모든 것은 하나님의 것임을 기억하도록 도와주세요.

제게 다윗 왕과 같은 마음을 주셔서 다른 사람들과 함께 나누게 하시고,

그로써 하나님의 역사가 이루어지고

다른 사람들의 삶이 달라질 수 있게 해주세요.

예수님의 이름으로 기도합니다. 아멘."

＊ 때로는 모든 것을 하나님의 소유로 여기고 자신의 것으로 여기지 않는 것이 참 어렵다. 당신이 자기의 것으로 여기지 않기가 어려운 것들을 적어보라. 당신이 이것들을 후히 나눌 수 있도록 하나님께 도움을 구하고, 그것들이 하나님의 영광을 위해 하나님으로부터 온 복임을 고백하라.

12

우리를 보호하는 자제력

"자기의 마음을 제어하지 아니하는 자는
성읍이 무너지고 성벽이 없는 것과 같으니라."

잠언 25:28

고대 사회에서는 강하고 견고한 성벽들로 성을 보호했다. 성을 둘러싼 이 벽들은 거기에 사는 사람들을 외부의 위협으로부터 안전하게 지켜주었다. 따라서 성벽이 무너지면 사람들은 위험하고 취약한 상황에 빠지게 되었다.

잠언의 저자는 자제심을 갖는 것과 그것을 발휘하는 것의 중요성을 설명하기 위해 이처럼 익숙한 이미지를 사용했다.

"자기의 마음을 제어하지 아니하는 자는 성읍이 무너지고 성벽이 없는 것과 같으니라"(잠 25:28).

어떤 성벽은 어느 부분은 강하지만 어느 부분은 그렇지 않을 수 있다. 성벽의 한 부분에 난 구멍이나 제 기능을 발휘하지 못하는 부분들이 우리를 위험에 빠뜨릴 수 있다. 강한 벽이 강하고 안전한 성의 비결이었던 것처럼, 자제력은 강하고 안전한 사람의 한 가지 중요한 특성이다.

그렇다면 자제력이란 무엇이며, 어떻게 하면 그것이 약속하는 안전을 더 많이 경험할 수 있을까? 자제력을 우리의 갈망과 결단의 결합으로 여기면 도움이 된다. 우리가 그리스도 안에 거하고 성령을 따라 행하면 하나님은 점점 더 많은 자제력을 우리에게 주신다(갈 5:22,23). 자제력은 하나님의 은혜다. 우리가 내면에서부터 변화할 때, 우리의 갈망이 달라지는 것을 반드시 경험해야 한다. 성령은 우리에게 그리스도를 높이고자 하는 새로운 갈망과 열망을 주시기 때문이다.

이렇게 변화하는 갈망에 힘입어서 하나님을 영화롭게 하는 결정을 하는 것 또한 자제력이다. 새로워진 갈망과 결단으로, 우리는 더 큰 지혜를 가지고 살기 시작한다. 우리는 더 이상 마음에 떠오르는 생각대로 움직이지 않는다. 우리 몸이 우리를 지배하지 않는다. 악한 감정들이 우리를 사로잡지 않는다.

자제력은 당신을 보호하는 하나님의 은혜의 선물이다. 당신은 어디에서 자제력을 잃는가? 당신의 성벽 중에 손상된 부분은 없는가? 하나님은 당신의 영혼을 안정시키실 뿐만 아니라 또한 그 영혼을 보호하기 원하신다. 오늘 마음을 열고 성령의 역사를 받아들이라. 성령이 당신을 가득 채우시고, 그분의 임재와 능력을 통해 당신의 삶을 강하게 해주시도록 하라. *Ruth*

"아버지, 주의 성령으로 저를 가득 채워주세요.

제 삶에서 무너진 벽들을 보여주세요.

제게 은혜와 지혜를 주세요.

제 안에 절제의 열매가 자라게 해주세요.

제 생각과 태도, 열망, 감정, 제 몸의 지체들이

하나님을 기쁘게 해드리길 원합니다.

예수님의 이름으로 기도합니다. 아멘."

＊ 당신의 '무너진 성벽'으로 인해 당신 자신과 가족, 혹은 주변 사람들이 위험해진 적이 있

는가? 그런 일이 어떻게 나타났는가?

~~~~~~

~~~~~~

~~~~~~

~~~~~~

~~~~~~

~~~~~~

＊ 당신이 더 큰 자제력을 경험하고 발휘할 수 있는 한 가지 방법은 무엇인가?

~~~~~~

~~~~~~

~~~~~~

~~~~~~

~~~~~~

~~~~~~

13

꼭 필요한 사람들에게 주목하기

"하나님이 자기 형상 곧 하나님의 형상대로 사람을 창조하시되
남자와 여자를 창조하시고."

창세기 1:27

두 아이들은 서로 꼭 붙어서 좋다고 낄낄거리고 있었다. 성탄절이나 부활절은 아니었다. 그날은 다른 특별한 날, 바로 미스터 브라운의 날이었다. 이제부터 설명해보겠다.

미스터 브라운은 우리 동네 우편집배원이었다. 그는 청구서와 소포만 배달한 것이 아니라, 가는 곳마다 사람들에게 미소를 나누어주었다. 아무리 바빠도 남편을 잃고 외로운 아주머니와 이야기를 나누거나, 아이에게 리틀리그 경기(어린이 국제 야구 리그)에 대해 묻는 것을 잊지 않았다.

우리는 아이들을 데리고 미스터 브라운을 위한 선물을 사러 갔다. 이웃집 개들을 쫓을 때 사용할 물총, 그리고 부인과 함께 멋진 저녁식사를 할 수 있도록 가까운 '데어리 퀸'(Dairy Queen)의 상품권을 준비했다. 선물을 준비한 우리는 쿠키를 굽고 레모네이드를 컵에 따랐다. 그리고 파티용 나팔과 색종이 조각들을 가지고 현관문 안쪽에 몰래 숨어서 기다렸다.

"서프라이즈!"

우리는 문을 열면서 소리쳤다.

"미스터 브라운, 당신은 이 도시에서 최고의 우편집배원입니다! 오늘은 공식적으로 미스터 브라운의 날입니다!"

그는 깜짝 놀란 정도가 아니었다. 그는 이 모든 일들이 어떻게 일어난 것인지 알고 싶어 했다. 딸아이는 우리가 성경을 공부하면서 사람들을 사랑한다고 말만 하지 말고 실제로 보여주어야 한다는 걸 배웠다고 말했다. 다과를 즐긴 미스터 브라운은 아이들을 한 명씩 안아주고 색종이 조각들이 아직 머리에 남아 있는 채로 떠났다.

일주일이 지난 날, 그는 우리 집 현관에 서서 이렇게 말했다.

"드릴 말씀이 있어요. 전 아직 '미스터 브라운의 날'에서 헤어나지 못하고 있습니다."

그의 목소리는 갈라졌지만, 그는 말을 이어갔다.

"아시다시피, 저는 33년 동안 이 거리의 우편집배원으로 살아왔어요. 하지만 당신 가족처럼 그런 일을 저에게 해준 사람은 아무도 없었어요. '미스터 브라운의 날'을 만들어주셔서 감사합니다."

우리의 삶 속에서 꼭 필요한 서비스를 제공해주는 사람들에게 주목하는 것은 나중에 생각할 일이 아니다. 이렇게 꼭 필요한 사람들에게 사랑을 표현해야 한다. 우리가 그렇게 할 때 모든 인간은 하나님의 형상으로 창조되었다는 사실을 인정하는 것이기 때문이다(창 1:27).

매일, 매주, 매달, 우리의 삶은 자연스럽게 많은 사람들과 교차한다. 그들은 모두 하나님의 형상을 지니고 있다. 그들 각 사람은 자신의 역할 속에서 하나님의 성품의 어떤 면들과 우리를 향한 하나님의 보살핌을 보여준다. 미용사는 우리의 머리카락을 보살펴준다(마 10:30). 카페트를 세탁해주시는 분은 우리의 카페트를 눈처럼 하얗게 만들어줄 수 있다(시 51:7, 물론 성가신 포도주스 얼룩은 예외다). 전문 의료진들은 우리가 살며 기동하며 존재하도록 도와준다(행 17:28).

우리를 섬겨주는 사람들 안에서 하나님의 독창적인 천재성과 사랑의 보살핌을 나타내는 것들을 볼 수 있다. 우리가 하던 일을 멈추고 꼭 필요한 사람들에게 주목한다면 우리의 삶은 새로운 의미를 가진, 흥미진진한 모험이 될 수 있을 것이다.

오늘 당신은 '꼭 필요한 사람' 누구를 축복할 것인가? *Karen*

> "아버지, 날마다 저를 도와주는 사람들을
> 제 삶 속에 주셔서 감사합니다.
> 제가 하나님의 형상을 가진 이 사람들을 볼 때
> 또한 하나님을 보게 해주세요.
> 예수님의 이름으로 기도합니다. 아멘."

* 당신의 삶 속에서 꼭 필요한 사람을 적어도 한 사람 이상 떠올려보라. 그리고 조만간 그 사람을 어떻게 축복할 수 있을지 적어보라. 색종이 조각을 사용하든, 진심 어린 감사를

표현할 다른 방법을 사용하든, 잊지 않고 이 계획을 실행에 옮길 수 있도록 달력에 표시
해두라.

14

왜 그렇게 화가 났는가?

"여호와께서 가인에게 이르시되

네가 분하여 함은 어찌 됨이며 안색이 변함은 어찌 됨이냐."

창세기 4:6

에덴동산 밖에서 있었던 일로, 성경에 기록된 최초의 죄는 동생 아벨을 죽인 가인의 죄다. 아벨은 양치는 자였고, 가인은 농사를 짓는 자였다(창 4:2). 이윽고 두 사람 다 하나님께 드릴 제물을 가져왔다. 우리는 자세한 내용까지는 다 들을 수 없지만, 하나님께서 아벨의 제물을 좋게 보시고 가인의 제물은 그렇지 않으셨다는 것을 알게 된다.

이때 가인의 반응은 어떠했는가? 창세기 4장 5,6절은 가인이 화가 났다고 말해준다. 그러자 하나님이 "네가 분하여 함은 어찌 됨이며 안색이 변함은 어찌 됨이냐?"라고 물으셨다. 가인은 아벨을 죽임으로써 분노에 찬 행동을 했을 뿐만 아니라, 그의 마음은 분노로 인해 생긴 이기적인, 혹은 악한 열망에 이끌리고 있었다.

분노에 찬 우리의 생각과 태도, 행동들에 대해 의문을 제기하는 법을 배우는 것이 이 위험한 감정을 이기는 데 도움이 될 수 있는 이유가 여기에 있다. 분노의 뒤나 아래를 잘 살펴보면 우리가 화가 난 진짜 이유를 아는 데 도움이 된다.

분노는 여러 가지 모자를 쓰고 있다. 때로는 말없이 다른 사람들을 벌하는 것으로, 혹은 뒤로 물러나거나, 폭언을 하거나, 감정의 폭발을 일으키는 형태로 나타나기도 한다. 어떤 때는 입을 내밀고 부루퉁하게 보이기도 하고, 어떤 경우에는 가혹하고 비현실적인 요구들로 나타나기도 한다.

모든 분노가 나쁘거나 악한 것은 아니다. 하나님도 분을 내신다. 하지만 하나님의 분노는 언제나 좋고, 옳고, 정당하다. 그분의 분노는 그분의 사랑을 나타낸다. 그러나 우리의 분노는 종종 악하고 이기적이다.

때로 분노는 우리가 원하는 것뿐만 아니라 우리가 갖고 있지만 잃어버릴까 봐 두려워하는 것을 드러낸다. 아마도 통제감, 안정감, 누군가의 인정 같은 것일 게다. 우리는 가장 소중히 여기는 것이 위협을 받을 때, 그것을 잃어버리지 않기 위해 분노에 찬 행동을 하기도 한다.

당신의 분노는 당신이 잃어버릴까 봐 두려워하는 무언가를 나타내는가? 당신의 분노는 당신이 가장 소중히 여기는 무엇을 드러내는가? 다음에 화가 날 때는 "왜?"라고 질문해 보라. 하나님께서 실제로 당신의 분노를 유발하는 것이 무엇인지 당신에게 보여주시도록 하라.

하나님은 우리를 내면에서부터 변화시키기 원하신다. 단지 우리의 행동만이 아니라 우리의 마음을 변화시키려 하신다. *Ruth*

"아버지, 제 분노의 진짜 원인을 제게 보여주세요.

성령의 역사를 통해, 저를 내면에서부터 변화시켜주세요.

다른 사람들과의 관계에 해가 되는 이기적이고 악한 태도들을 뿌리 뽑아주세요.

하나님의 아들을 닮아가기 원하오니, 저에게 지혜와 이해심을 주세요.

예수님의 이름으로 기도합니다. 아멘."

* 당신 자신의 삶에 대해 생각할 때 분노가 어떤 모습으로 가장 자주 표출되는가?

* 당신이 소중히 여기는 것을 잃어버릴 것 같은 두려움이 어떻게 당신으로 하여금 분노하
게 만들었는가?

15

외로움이 당신의 마음을 짓누를 때

"옛적에 여호와께서 나에게 나타나사
내가 영원한 사랑으로 너를 사랑하기에
인자함으로 너를 이끌었다 하였노라."

예레미야 31:3

졸업 파티가 열렸던 날을 결코 잊지 못할 것이다. 그날 밤 춤을 추면서 내 마음을 사로잡은 잘생긴 남자 때문이 아니었다. 그런 일은 없었다. 내가 늘 꿈꾸었던 완벽한 드레스를 사지 못해서도 아니었다. 나는 그렇지 않았다. 모두 혼자 파티에 참석하기로 결정한 여자 친구들과 함께 무도장에서 신나게 흔들며 놀았기 때문도 아니었다.

내가 그때를 기억하는 건 그날 내가 학교 체육관을 장식하고 뷔페 음식을 차리고, 그다음에 집에 와서 〈해저드 마을의 듀크 가족〉(The Dukes of Hazzard)에 나오는 출연진들과 함께 저녁 시간을 보냈기 때문이었다.

졸업 파티 준비 위원회에 속해 있던 나는 그날 밤을 아주 멋지게 만들기 위해 색 테이프를 걸고 신선한 꽃들을 꽃병에 꽂았다. 그리고 핑거 푸드를 제공하는 한 레스토랑에서 일했기 때문에 멜론을 깎아 그 안에 신선한 과일을 가득 채워서 갖다 놓았고, 흥에 취한 파티 참석자들이 즐길 수 있도록 치즈와 크래커, 각종 애피타이저들이 담긴 접시도 함께 가져다 놓았다.

하지만 나를 위한 졸업 파티의 밤은 없었다. 나는 초대를 받지 못했다. 내 고등학교 마지막 해는 친구들과 함께 보낸, 재미있는 시간이 아니었다. 슬픔과 거절로 가득한 해였고, 많은 밤들을 집에서 외롭게, 사랑받지 못하고 버림받았다고 느끼며 보냈다.

초등학교와 중학교 때는 진정한 친구들을 찾는 것이 별로 어렵지 않은 듯했다. 하지만 8학년 때 우리 반에서 한 여학생에 대한 험담이 반복된 후 나는 많은 친구들을 잃었다. 나는 점심시간에 인기 있는 테이블에서 추방당했고, 새로운 친구 그룹을 찾아야만 했다.

고등학교의 상반기 동안은 이렇게 작은 그룹의 친구들만으로도 충분했다. 하지만 11학년 가을에 나는 그리스도께 내 삶을 맡겼다. 삶을 변화시키는 이 결단은, 곧 내가 참석하지 않게 될 파티들과 관여할 마음이 없는 활동들이 생긴다는 뜻이었다. 내 친구 그룹은 점점 더 작아졌다.

이 시절을 생각하니 다시 슬픔이 떠오르지만, 이때가 나를 예수님의 품에 안기게 한 결정적인 때였다는 생각이 든다.

오늘의 말씀은 하나님의 깊은 사랑을 묘사한다. 다함이 없고 영원한 사랑, 온전하고 철저한 사랑, 멈출 기미가 보이지 않는 사랑이다.

졸업 파티의 꽃들은 시든다. 파벌과 학교에서의 서열들은 곧 사라진다. 그러나 하늘에 계신 우리 아버지의 사랑에 관해서는 결코 우리에게 부족함이 없을 것이다.

당신의 마음이 외롭고 짓뭉개졌다면 이 놀라운 진리에 담긴 위로로 그 마음을 진정시키라. 곧 하나님은 당신을 영원히 사랑하시며 결코 당신을 떠나지 않으신다는 것이다. 그것이 결론이다. *Karen*

"아버지, 언제나 저를 환영해 주시고 결코 거절하지 않으신 것을 감사드립니다.
주님은 과거에 저를 사랑하셨을 뿐만 아니라 저를 영원히 사랑해 주실 것입니다.
주님의 변함없고, 완전하고, 비할 데 없는 사랑을 알게 되어 정말 행복합니다.
예수님의 이름으로 기도합니다. 아멘."

* 당신의 삶에서 하나님의 영원한 사랑과 인자하심이 가장 많이 필요한 영역은 어디인가?

16

참된 정체성

"그런즉 누구든지 그리스도 안에 있으면 새로운 피조물이라
이전 것은 지나갔으니 보라 새 것이 되었도다."

고린도후서 5:17

지금은 좀 바보 같이 보이기도 하지만, 처음으로 내 이름 옆에 '대리'라는 직함을 보았을 때의 느낌을 기억한다. 그때 대학을 갓 졸업했던 나는 세상과 맞붙을 각오가 되어 있었다! 내 직업은 아주 화려하거나 보수가 높은 일은 아니었지만, 그 새로운 직함과 지위는 내 가치를 느끼게 해주었고, 나는 그것이 꽤 마음에 들었다. 불행히도 그 후 몇 년을 지내면서, 나는 이것이 다른 사람들이나 다른 것들에 의존해서 내 정체성을 발견하도록 이끄는 여러 방법 중 하나일 뿐임을 알게 되었다.

그렇다면, 진정으로 나를 규정하도록 이끄는 것은 무엇인가? 우리는 누구인가? 우리의 정체성은 우리의 행복, 중요성, 또는 가치에 대한 감각이다. 우리는 모두 가치나 정체성을 찾고 있기 때문에 결국에는 자신의 정체성을 만들어 내고야 만다. 내가 처음에 그랬던 것처럼, 우리는 직업이나 경력에 근거한 정체성을 발견할 것이다. 우리의 사회적 관계, 재산, 성공, 심지어 우리의 실패에 근거해서 스스로의 가치를 매긴다.

하지만 정체성을 발견하기 위해 이런 영역들을 살피는 것이 위험한 이유는, 그것들이 실제로 우리 자신이 아니라는 데 있다. 이런 정체성들은 움직이는 표적들일 뿐이다. 결코 지속되지 않으며, 일시적인 것에 불과하다. 더 나쁜 것은, 하나님께서 우리가 누구라고 말씀하시는 것과는 다른 사람이나 사물을 바라보는 것이 그것을 우상으로 만들기 때문이다. 우리의 하나님 아버지는 우리를 결코 변하지 않는 새로운 정체성 안으로 불러들이신다. 그것은 예수님이 우리를 위해 하신 일과 우리 아버지께서 우리에 대해 생각하시는 것에 기반을 두고 있으며, 결코 없어지지 않는다.

하나님 안에서 우리의 가치나 정체성을 찾는다는 것은 무엇을 의미하는가? 그것은 고린도후서 5장 17절의 말씀과 같이 우리가 실제로 새로운 피조물이라는 뜻이다. 우리가 예수님을 믿기 때문에 지금 예수님이 성령의 임재를 통해 우리 안에 사신다. 우리는 충분하고 온전한 사랑을 받고 있다. 받아들여지고, 귀하게 여김을 받는다. 우리가 놀라운 가치와 중요성을 갖는 것은 우리가 하는 일 때문이 아니라 우리가 하나님의 형상으로 지음 받았기 때문이다. 우리가 예수님 때문에 갖게 된 정체성, 수용, 인정을 갖고 살아갈 때 큰 기쁨과 자유가 있다.

오직 하나님만이 당신에게 주실 수 있는 것을 다른 사람들에게서 얻으려 하지 말라! 하나님만이 당신을 완전히 사랑하시며, 그분의 사랑은 당신에게 참된 가치와 정체성을 주기에 충분하다. *Ruth*

"아버지, 아버지께서 저를 조건 없이 온전히 사랑하신다는 것을 압니다.

제가 자신의 가치를 발견하려는 유혹을 받고 있는

잘못된 영역들을 제게 보여주세요.

저를 향한 하나님의 사랑을 믿고 의지하도록 도와주세요.

예수님의 이름으로 기도합니다. 아멘."

* 하나님을 바라보는 대신 다른 사람들에게 인정받고 싶은 유혹을 가장 많이 느끼는 영역

은 무엇인가?

* 하나님의 변치 않는 사랑에 뿌리를 둔 정체성을 가질 수 있는 한 가지 방법은 무엇인가?

17

관계의 핵심

"새 계명을 너희에게 주노니 서로 사랑하라

내가 너희를 사랑한 것같이 너희도 서로 사랑하라

너희가 서로 사랑하면 이로써 모든 사람이 너희가 내 제자인 줄 알리라."

요한복음 13:34,35

나는 매일 수많은 사람들을 본다. 분명 당신도 그럴 것이다. 직접 목격하든, 온라인이나 스크린을 통해서 보든, 사람들은 줄지어 걷는다. 당신은 매일 아침, 제일 먼저 배우자나 룸메이트를 보게 될 것이다. 어쩌면 간단한 아침식사가 필요한 한 아이가 당신 앞에 나타날지도 모르겠다. 당신의 휴대폰은 주방 조리대 위에서 진동을 울리며 친구에게 문자 메시지가 왔음을 알린다. 당신의 할머니가 보낸 꽃무늬 카드가 우편함에 도착한다. 휴대폰 화면을 다시 한 번 손가락으로 넘겨보면 더 많은 관계들이 보인다. 교회, 가족, 삶에서 비롯된 관계들이다.

이 모든 사람과의 관계에서 핵심은 무엇인가?

성경은 우리가 서로를 어떻게 대해야 하며 어떻게 대하지 말아야 하는지에 대한 이야기를 많이 한다. 실제로 신약성경에는 관계에 대한 가르침을 전하는 구절들이 많이 포함되어 있고, 모두 '서로'라는 문구를 포함한다.

오늘의 본문인 요한복음 13장 34,35절은 예수님이 직접 말씀하신 '서로'의 구절을 소개한다. 예수님은 사랑의 본보기이시다. 그분의 사랑은 희생적이다. 한결같다. 무조건적이다. 아무 조건이 달려 있지 않다.

그리고 우리가 사람들과의 관계에 적용할 수 있는 '서로'에 대한 구절이 또 하나 있다.

"형제를 사랑하여 서로 우애하고 존경하기를 서로 먼저 하며"(롬 12:10).

우리가 다른 사람들을 존경할 때 예수님을 나타내는 것이다. 우리가 예수님처럼 다른 사람들을 사랑하려고 애쓸 때 우리를 향한 그리스도의 사랑을 다른 사람들에게 정확히 전달하는 것이다. 예수님 자신이 다른 사람들을 우선시하셨다면, 때로는 그것이 매우 힘들더라도 우리 또한 그렇게 하려고 노력할 수 있다!

우리는 관계들이 쉽지 않다는 것을 종종 잊기도 한다. 그래서 관계를 이어가는 데는 충성심과 변함없는 헌신이 필요하다는 것을 스스로 상기해야 한다. 때로는 감정이 시들해지기 때문에 결혼생활이 깨진다. 친구 관계가 힘들어지면 우정을 포기한다. 자녀들이 우리를 심하게 실망시켰으니 그 아이들과의 관계도 점차 축소되게 내버려두기로 결정한다.

그러나 로마서 12장의 말씀에 나오는 명령은 분명하다. 당신의 관계들을 끊지 말고 견디라는 것이다(물론 해롭고 폭력적인 관계들에 대해 말하는 것은 아니다).

매일 우리의 관점이 "나에게 무슨 이익이 되는가?" 대신 "나는 당신을 위해 있다"로 바뀔 수 있다면, 우리는 아무 보상을 기대하지 않고 예수님을 섬기는 기쁨을 발견하게 될 것이다.

오늘, 다른 사람들을 존중하고 예수님의 복음을 나타내면서 우리의 삶에서 만나는 모든 사람들에게 작은 '서로'의 삶을 보여주기로 하자. *Karen*

"아버지, 제 삶에서 만나는 사람들과의 관계를,

사랑과 복음을 나타낼 기회로 여기도록 도와주세요.

제가 지치지 않도록 힘을 주세요.

주님이 제게 보여주신 그 사랑으로 다른 사람들을 존중하고

사랑하도록 도와주세요. 예수님의 이름으로 기도합니다. 아멘."

＊ 성경에서 '서로'에 관한 또 다른 구절을 찾아서 적어보라. 이 구절은 관계에 대해서 당신에게 어떤 관계를 주는가?

~~~~~~

~~~~~~

~~~~~~

~~~~~~

~~~~~~

~~~~~~

~~~~~~

18

염려하지 말라

"아무것도 염려하지 말고 다만 모든 일에 기도와 간구로,

너희 구할 것을 감사함으로 하나님께 아뢰라

그리하면 모든 지각에 뛰어난 하나님의 평강이

그리스도 예수 안에서 너희 마음과 생각을 지키시리라."

빌립보서 4:6,7

우리는 성탄절 밤에 가족 영화를 보기로 되어 있었다. 그것은 가족, 음식, 그리고 선물들로 가득한 긴 하루의 마지막 일정이었다. 그러나 소파에서 여유로운 밤을 보내는 대신, 우리는 큰딸을 데리고 급히 응급실로 가고 있었다. 아이가 숨을 쉬기 힘들어했기 때문이다. 시간이 지날수록 밀려오는 염려 때문에 나 또한 숨이 막혔다.

내 마음은 거의 수백 가지 방향으로 왔다 갔다 했다. 기억나는 말씀들을 믿기 위해 최선을 다하면서, 빌립보서 4장 6절에 나오는 바울의 말씀으로 기도하기 시작했다.

"아무것도 염려하지 말고 다만 모든 일에", 병원에 가는 길에도 "너희 구할 것을 하나님께 아뢰라."

다행히 딸아이는 괜찮은 것으로 판명되었다. 의사들이 의료 도구로 딸의 목을 검사했으나 아무것도 발견하지 못했다. 그래서 우리는 음식물이 목에 걸렸는데 병원에 오는 길에 내려갔나 보다 생각했다. 그래도 미지의 상황 속에서 염려하지 않는 것은 말처럼 쉽지 않다.

우리 안에 염려가 가득할 때 하나님은 우리가 짊어지고 있는 짐을 그분께 맡기라고 하신다. 하나님은 그분이 우리와 함께하신다는 것을 알게 해주시려고 우리를 가까이 이끄신다. 우리의 염려가 건강 때문이든, 관계나 직장, 재정적인 문제, 또는 친구 관계 때문이든 간에, 하나님은 우리가 혼자가 아님을 기억하기 원하신다.

나는 오늘의 성경 구절에 나오는 약속을 사랑한다. 우리가 우리의 염려를 하나님께 맡길 수 있을 뿐 아니라, 하나님이 평강으로 우리의 마음과 생각을 지켜주시겠다고 약속하신다. 바울은 하나님의 평강이 과도하고 건강하지 못한 염려로부터 우리를 지켜주거나 보호해주시는 것을 설명하기 위해 '지키신다'(guard)라는 군사 용어를 사용한다. 여기서 말하는 평강은 무엇을 의미하는가? 그것은 단지 감정이 아니라, 정말로 하나님과 함께 있다는 확신이다. 이 구절에서 바울이 이야기하는 평강은 안정되고 한 곳에 정박한 영혼이다. 그것은 그리스도가 우리를 위해 하신 일로 인해 다 잘될 거라는 깊은 확신이다. 무슨 일이 있어도 하나님은 우리와 함께, 우리를 위해 계신다.

오늘 당신이 염려하는 것은 무엇인가? 당신이 어떤 상황에 있든지, 당신을 사랑하시고 당신과 함께하시는 아버지께 그것을 맡기라. 당신이 예수님을 알고, 예수님이 당신을 아심으로 인한 평강이 당신의 마음과 생각을 지켜줄 것이다. 오늘 주님의 평강이 당신의 영혼을 안정시켜주기를 바란다. *Ruth*

"아버지, 아버지께서 저와 함께 계심을 압니다.

오늘 제 모든 염려를 주께 맡깁니다.

부족한 저에게 믿음을 주세요.

주님이 다스리심을 알고, 주님을 신뢰하도록 도와주세요.

주님의 평강으로 제 마음과 생각을 지켜주세요.

주께 염려를 맡기는 기쁨과 소망을 경험할 수 있도록 저를 지켜주세요.

예수님의 이름으로 기도합니다. 아멘."

* 지금 당신이 가장 걱정하는 일은 무엇인가?

* 당신의 생각을 다스리는 것과 하나님의 평강을 경험하는 것은 서로 어떤 연관이 있는가?

19

결정, 또 결정

"내 계명은 곧 내가 너희를 사랑한 것같이

너희도 서로 사랑하라 하는 이것이니라

사람이 친구를 위하여 자기 목숨을 버리면

이보다 더 큰 사랑이 없나니."

요한복음 15:12,13

고백할 것이 있다. 나는 내 맘대로 하는 걸 좋아한다. 나는 다소 애매하게 그렇게 한다. 겉보기엔 논리적이거나 사려 깊은 듯하지만, 실제 속으로는 내가 뭘 원하는지 알고 있고, 보통은 어떻게 하면 그것을 얻을 수 있는지도 알고 있다.

어쩌면 이것이 내가 카페에 가는 걸 좋아하는 이유 중 하나일 것이다. 나는 주문대로 가서 바리스타에게 세심하게 신경 써야 하는 내 요구사항들을 줄줄이 말한다. 그러면 커피는 내가 원하는 대로 나온다.

내 마음대로 하는 것이 카페에서는 통하고, 때로는 가장 가까운 사람들에게도 통하지만, 사실 이것은 내 관계들에 방해가 된다.

어떤 브랜드의 케첩을 살 것인가 하는 사소한 문제들로부터 집을 사는 것

같은 중대한 결정에 이르기까지, 나는 내 마음대로 하는 것에 대해 매우 강경하고 또 확신이 있다. 이렇게 내 맘대로 쥐고 흔들려는 성질은 다른 사람들과 충돌이나 마찰을 일으킬 수 있다.

이 딜레마는 사실 새로운 것이 아니다. 우리 조상 하와는 에덴동산에서 자기가 하나님보다 더 잘 안다고 판단했을 때 이런 행동을 보였다. 그녀는 하나님께서 먹지 말라고 하신 선악을 알게 하는 나무의 열매를 먹었다. 이때 인간과 하나님의 관계에 처음으로 갈등이 생기고 죄가 세상에 들어왔다.

우리가 원하는 대로 하기 위해, 우리는 여러 가지 책략을 사용한다. 즉, 추론, 논증, 호소, 심지어 삐지기까지, 우리가 바라는 결과를 얻기 위해서라면 무엇이든 할 것이다. 그러나 우리에게 익숙한 요한복음 15장의 이 구절을 읽으면서 새로운 통찰을 얻었다.

나는 예전에 이 구절을 사람들이 자기 목숨을 버리는 극적인 방법들과 관련지어 생각하곤 했다. 이를테면 친구가 치명상을 입지 않도록 하기 위해 자기가 피해를 입는 것이다. 또는 군인이 전쟁터에서 기꺼이 자기 목숨을 버릴 수도 있다. 이런 일들은 분명 참되고 고귀한 것이지만, 나는 이 구절을 좀 더 실제적으로 생각하게 되었다.

만약 우리가 일상생활 속에서 우리 마음대로 하려는 시도를 포기한다면 어떨까? 우리의 관계들 속에서 모든 결정을 자기 뜻대로 하겠다고 주장하지 않아도 된다면? 이렇게 다른 사람을 위해 우리의 갈망을 포기하는 행위는 사랑을 나타내는 방법이다.

그것은 결코 쉽지 않았다. 하지만 이 구절을 내 마음대로 하려고 하지 않고 다른 사람들이 결정하게 하라는 격려의 말씀으로 여기는 것은 나를 자유롭게 해주었다! 나는 다른 사람들에게 좋은 아이디어가 있다는 걸 알았고, 다른 사람이 선택하게 하는 것이 나를 덜 이기적인 사람으로 만드는 데 도움이 된다는 것을 알게 되었다. 아무리 사소한 일에서라도 우리의 목숨을 바치는 것은 다른 사람들에 대한 사랑과 그리스도에 대한 경의를 나타낸다. 또한 그것은 결정하기 좋아하는 우리 같은 사람들이 자기 뜻을 내려놓고 다른 사람들에게 발언권을 주는 법을 배우도록 도와준다. 그들은 신경을 많이 써야 알 수 있는, 우리가 제일 좋아하는 음료를 사주면서 고마움을 표현할지도 모른다! *Karen*

"아버지, 제가 다른 사람들의 말을 듣지 않고,

또는 그들을 의사결정 과정에 참여시키지 않고

제 마음대로 하려 했던 것들을 용서해주세요.

크고 작은 일에서, 제 목숨을 버리는 법을 배우기 원합니다.

하나님의 아들을 좀 더 닮아가도록 도와주세요.

예수님의 이름으로 기도합니다. 아멘."

* 당신은 삶의 어느 영역에서 자기 뜻대로 하길 원하는가? 당신은 어떤 식으로 당신의 갈망들을 포기함으로써 다른 사람들에게 사랑을 보여줄 수 있을 것인가?

20

다른 사람들을 받아들이기

"이제부터는 너희를 종이라 하지 아니하리니
종은 주인이 하는 것을 알지 못함이라
너희를 친구라 하였노니 내가 내 아버지께 들은 것을
다 너희에게 알게 하였음이라."

요한복음 15:15

친구란 무엇을 의미하는가? 첫 제자들이 "너희를 친구라 하였노니"(요 15:15)라는 예수님의 말씀을 들은 것은 틀림없이 작은 일이 아니었을 것이다. 종이 아니다. 노예가 아니다. 친구다. 예수님은 그들을 그분의 삶 속으로 들어오게 하셨고, 그들은 예수님이 들어오시게 했다.

예수님을 믿음으로, 우리는 점점 더 하나님을 알아가기 시작할 뿐만 아니라 하나님도 우리를 친밀하게 알게 되신다. 이것이 하나님과 관계 맺는 것의 핵심이다. 그것은 친밀한 친구 관계며, 그 안에서 우리는 서로 주고받는다.

그러면 사람들과의 우정은 어떠한가? 우리가 예수님을 통해 하나님과 나누는 우정은 다른 모든 친구 관계의 기초가 된다. 그리스도 안에서, 우리는 우리를 만드신 하나님으로부터 온전한 수용과 사랑을 받는다. 그것은 우리가 다른 사람들을 향해 나아갈 수 있게 해주며, 우리와 가장 가까운 사람들을 사랑하고 섬기도록 도와준다.

그러나 다른 사람들을 받아들이는 것은 때때로 다른 이야기다. 좋은 친구가 되는 것과 좋은 친구들이 안으로 들어오게 하는 것에는 큰 차이가 있다.

깊은 우정을 만들고 키워가기 위해, 우리는 기꺼이 연약함을 드러내야 한다. 나에겐 이것이 쉬운 일이 아님을 시인한다! 의미 있는 우정을 만들려면 우리의 기쁨과 어려움들을 더 깊이 나누어야 한다. 그러기 위해선 적절한 때에 다른 사람에게 실제 상황을 기꺼이 알려주어야 한다. 그들이 우리를 위해 어떻게 기도해줄 수 있는지. 우리가 무엇과 싸우고 있는지, 그들이 어떻게 우리를 사랑하거나 지지해줄 수 있는지. 연약함을 드러내는 것은 우리 마음을 들여다보는 창을 여는 것과 같다. 친구가 우리를 더 깊이 알 뿐만 아니라 더 온전히 사랑하게 하는 것이다.

때로는 남에게 알려지는 것이 두려워 다른 사람들을 들어오지 못하게 한다. 어떤 때는 자존심 때문에 그렇게 하기도 한다. 어쩌면 우리 자신에게는, 우리가 겪고 있는 일로 인해 다른 사람들을 신경 쓰이게 하고 싶지 않다고 말할 것이다. 이유가 어찌되었든 간에, 이 모든 것들은 하나님이 우리에게 바라시는 그런 우정을 쌓아가지 못하게 막는다.

잠시 시간을 내어 당신의 친한 친구들에 대해 생각해보라. 어떻게 하면 한 걸음 더 나아가 좀 더 마음을 열고 다른 사람들을 들어오게 할 수 있을까? *Ruth*

"아버지, 아버지께서 저를 사랑하시고

그리스도 안에서 저를 받아주시는 것을 압니다.

하나님의 사랑에는 조건이 없습니다. 제가 더 큰 겸손과 사랑,

그리고 연약한 모습으로 다른 사람들을 향해 다가가도록 도와주세요.

마음을 열고 다른 사람들에게 저를 알리며 그들을 사랑하도록

진리와 은혜로 저를 가르쳐주세요.

예수님의 이름으로 기도합니다. 아멘."

* 당신이 더 깊은 우정을 만들어가는 데 가장 큰 장애물은 무엇인가?

~~~~~~~~~~~~~~~~~~~~~~~~~~~~~~~~~~~~~

~~~~~~~~~~~~~~~~~~~~~~~~~~~~~~~~~~~~~

~~~~~~~~~~~~~~~~~~~~~~~~~~~~~~~~~~~~~

~~~~~~~~~~~~~~~~~~~~~~~~~~~~~~~~~~~~~

~~~~~~~~~~~~~~~~~~~~~~~~~~~~~~~~~~~~~

* 당신은 연약함을 드러내는 것이 왜 어렵다고 생각하는가?

~~~~~~~~~~~~~~~~~~~~~~~~~~~~~~~~~~~~~

~~~~~~~~~~~~~~~~~~~~~~~~~~~~~~~~~~~~~

~~~~~~~~~~~~~~~~~~~~~~~~~~~~~~~~~~~~~

~~~~~~~~~~~~~~~~~~~~~~~~~~~~~~~~~~~~~

~~~~~~~~~~~~~~~~~~~~~~~~~~~~~~~~~~~~~

21

심장의 떨림을 듣는 법

"그들의 마음이 주를 향하여 부르짖기를."

예레미야애가 2:18

그것은 별 볼품없는 어린이 책이었다. 두툼한 하드커버에 색이 바래고 낡은 그 책에는 거의 75년 동안 쌓여온 먼지와 지문 얼룩들이 잔뜩 묻어 있었다. 그러나 이 책을 트리샤에게 선물로 주려고 연한 색의 포장지로 세심하게 포장하는 나에게는 열의가 가득했다.

친구에게 중고책을 주면서 왜 그렇게 설레었을까? 이 선물은 심장의 떨림에 대한 반응이었기 때문이다. 무슨 얘기인지 설명해보겠다.

트리샤와 나는 같은 해에 태어났다. 그래서 1980년대 어린 시절에 대한 공통된 기억들을 많이 갖고 있었다. 한번은 학창 시절 이야기를 하던 트리샤가 '읽기' 때문에 심하게 고생했던 이야기를 했다. 그러다 작은 승리를 떠올리며 그녀의 얼굴이 밝아졌다.

"내가 처음부터 끝까지 읽을 수 있었던 책이 한 권 있었어.《메리 리와 인디언 목걸이의 수수께끼》라는 책이었지. 나는 소파에 웅크리고 앉아 책을 다 읽었어. 그 책을 읽고 나서 기분이 얼마나 좋았는지 몰라!"

그 이야기는 트리샤의 과거를 들여다보는 창문 이상의 의미가 있었다. 바로 내가 말한 '심장의 떨림'이었다. 심장의 떨림은 어떤 사람이 직접적으로, 때로는 아리송한 방법으로 당신에게 그의 마음을 들여다볼 수 있게 해준다. 실제 말로 할 수도 있고, 아니면 당신이 그냥 감정을 알아챌 수도 있다.

트리샤의 마음이 수면으로 드러났던 그날, 나는 누군가가 그녀에게 "나는 네 말을 듣고 있어"라고 말해주길 갈망한다는 걸 알아챘다. 대화를 마치며, 나는 그 책을 찾아봐야겠다고 마음먹었다. 그리고 온라인 사이트 덕분에, 겨우 한 권을 찾아낼 수 있었다.

그날 밤 그녀의 거실에서 선물을 열어본 트리샤는 매우 흥분된 표정으로 나를 쳐다봤다.

"어떻게 알았어?"

그녀가 소리쳤다. 나는 그녀가 까맣게 잊어버린 몇 달 전의 대화를 상기시켜주었다.

예레미야애가 2장 18절은 고대 이스라엘인들이 포로로 잡혀 있는 동안 기록되었다. 이 구절의 앞부분은 하나님이 우리 마음의 부르짖음을 들으신다는 것을 알려준다.

"그들의 마음이 주를 향하여 부르짖기를."

하나님은 무엇이 우리를 고통스럽게 하는지, 또 기쁘게 하는지 다 알고 계시며, 종종 사람들을 통해 그 부르짖음에 응답하신다.

나는 우리가 주변 사람들의 심장 소리에 귀를 기울이는 데 능숙해져서 사려 깊은 제스처로 반응하기를 바란다. 정교한 선물이 아니어도 좋다. 친절하게 건네는 말 한 마디, 손으로 쓴 짧은 편지, 애정이 담긴 문자 메시지나 소셜 미디어에 남긴 격려의 말, 커피 한 잔을 마시며 나누는 대화, 우리 자신을 뒤로하고 상대방에게 주목하는 짧은 순간이면 된다. 상대방에게 반응을 보이는 것, 다른 사람을 향한 하나님의 마음을 반복해서 들려주는 것이면 된다.

심장의 두근거림을 듣는 것은 우리가 애정을 갖고 연마해야 할 기술이다. 우리가 경청하고 사랑하는 것을 습관화한다면, 그것은 가장 놀라운 격려의 순간들로 이어질 수 있다. *Karen*

"사랑하는 아버지, 제가 몸을 기울여 경청하는 법을 배워서,

다른 사람들의 마음의 부르짖음을 듣고 하나님의 사랑으로 다가가게 해주세요.

예수님의 이름으로 기도합니다. 아멘."

* 최근에 대화하면서 당신에게 자신의 마음을 살짝 들여다보게 해준 사람을 떠올릴 수 있겠는가? 당신이 이런 초청에 응답할 수 있는 방법이 있을까?

22

하나님이 문을 닫으실 때

"성령이 아시아에서 말씀을 전하지 못하게 하시거늘

그들이 브루기아와 갈라디아 땅으로 다녀가

무시아 앞에 이르러 비두니아로 가고자 애쓰되

예수의 영이 허락하지 아니하시는지라."

사도행전 16:6,7

나는 '인내+끈기=성공'이라는 원칙을 늘 자랑했다. 나는 쉽게 포기하는 사람이 아니다. 그리고 대부분의 상황에서는 참고 견디며 끝까지 해내는 것이 지혜로운 것이다.

그러나 성경에는 또 다른 원칙이 있는데, 나는 자주 그것과 씨름하는 나 자신을 발견한다. 우리에게 참고 견디라고 하시는 하나님은 또한 문을 닫으시는 하나님이시다. 그분은 우리의 계획들을 되돌리시고, 우리의 노력을 좌절시키시며, 우리가 오직 그분을 신뢰하면 더 좋은 것이 있다는 걸 보여주신다.

일찍이 예수님을 따르는 자로서 복음을 전하도록 보냄을 받았던 사도들도 하나님의 뜻을 분별하고 이해하기 어려운 때가 있었다는 사실이 우리에게 위로가 된다. 이것을 보여주는 좋은 예가 사도행전 16장에 있다. 바울과 그의 동료들은 새로운 지역에 하나님의 사랑의 복음을 전하기 위해 또 한 번의 선교 여행을 떠났다.

그러나 이 여행을 시작하자마자 하나님이 일부 문들은 닫으셨다는 이야기가 나온다(6,7절). 성령께서 그들이 아시아에서 말씀 전하는 것을 막으셨고, 비두니아에 들어가는 것도 허락하지 않으셨다. 그때 바울이 어떤 반응을 보였는지 알 수 없지만, 아마도 그가 혼란스러워하거나 실망하거나 낙심했을 거라고 상상해볼 수 있다. 그러나 몇 구절 뒤에, 하나님이 다른 문을 열어주시는 것을 본다. 더 좋은 기회가 있었던 것이다. 하나님은 그분의 때에 그분의 지혜로 바울의 계획들을 되돌리고 계셨다.

하나님께서 당신에게 어떤 문을 닫으셨는가? 혹시 당신이 어떤 일을 행하거나 성취하려 하는데, 문이 닫힐지도 모른다는 느낌이 들기 시작하는가? 그렇다고 낙심하지 말라. 포기하지 말라. 계속해서 하나님의 지혜와 인도를 구하면, 하나님이 신실하게 새로운 문을 열어주신다는 것을 기억하라.

하나님의 계획과 목적은 언제나 승리한다. 그리고 그럴 때 우리는 하나님의 생각이 언제나 더 좋은 것임을 알게 된다! *Ruth*

> "아버지, 아버지께서 통치하시고 주관하시며
> 제 걸음을 인도하시는 것을 믿고 신뢰합니다.
> 제게 지혜를 주셔서 밀고 나아가야 할 때와
> 겸손히 새로운 방향으로 움직여야 할 때를 알게 해주세요.

제 마음이 낙심하지 않도록 지켜주시고,

하나님의 계획이 제 계획과 다를 때에도 하나님을 신뢰하도록 도와주세요.

예수님의 이름으로 기도합니다. 아멘."

＊ 참고 견뎌야 할 때와 닫힌 문을 인정해야 할 때를 어떻게 알 수 있을까?

＊ 하나님이 문을 닫으실 때 새로운 문을 열어주시는 것을 본 적이 있다면 기록해보자.

23

깨진 그릇들이 거룩한 이유

"각각 은사를 받은 대로
하나님의 여러 가지 은혜를 맡은 선한 청지기같이 서로 봉사하라."

베드로전서 4:10

내 크록팟(Crock-Pot, 슬로우쿠커 상표의 하나-편집자주)은 요리할 때 눈에 거슬리는 존재다. 처음 샀을 때는 정말 멋지고 실용적인 주방용품이었다. 매끄럽고 반짝거리며, 당시로서는 최신식이던 보온 기능도 있었다. 하지만 지금 이 크록팟은 펜트리 선반 위에 얌전히 올려져 있다. 거의 20년이나 사용한 거라 낡았고, 흠집이 있고, 찌그러지기도 했다.

인정하고 싶지 않지만, 때로 나는 신형 슬로우쿠커가 부러웠다. 특히 깜짝 놀랄만한 신제품들을 염탐할 때는 더욱 그랬다. 어떤 것들은 디지털 방식을 쓰거나 프로그램을 작동할 수도 있다. 또 어떤 것들은 안에서 부글부글 끓고 있는 것이 어떤지 알려주는 작고 귀여운 표시들이 있다. 그리고 낡은 내 모델이 있다. 예쁘진 않지만 무척 사랑받았던 것이다.

당신도 알다시피, 내 오래된 슬로우쿠커는 나에게 중요한 사역 파트너였다.

그것은 허기진 축구팀을 위해 매운맛 3단계의 음식들을 만들어냈다. 무서운 분만수술을 마치고 신생아를 집에 데리고 온 지친 엄마에게 야채수프를 대접해주었다. 최근에는 사랑하는 사람을 보내고 슬픔에 잠긴 가족을 초대해서 맛좋은 소고기 스튜로 몸보신을 시켜주었다. 그리고 대부분은 평범한 주일 저녁에 우리 집 낡은 참나무 식탁에 올라 우리 가족의 배를 따뜻하게 해주었다.

나는 온갖 기능을 가진 신 모델을 갖고 싶어 하며 낡은 내 크록팟에 대해 불평할 수도 있었다. 때로는 그러기도 했다. 하지만 아직 칙칙 소리를 내며 돌아가고 있으니, 나는 감사하고 불평하지 않기로 했다. 그저 계속 요리를 하고, 손님을 초대하고, 씻고, 말리기로 했다. 그리고 그 일을 계속 반복하고 있다.

우리가 다른 사람들을 축복하고 섬기기 위해 우리의 은사와 재능, 평범한 가정용품들을 함께 사용할 때 우리는 그저 착한 일을 하는 것만이 아니다. 우리는 하나님의 말씀에 순종하고 있는 것이다.

우리의 소유물과 자원들에 대해 하나님을 공경하는 관점을 갖고 있을 때 우리의 마음과 집은 사역을 위한 조타실이 될 수 있다. 그것은 관점의 전환이다. 우리는 손님들을 감동시키기 위해 대접을 하거나 집에서 만든 요리를 내놓는 것이 아니다. 대신, 그들에게 활력을 주기 원한다. 우리의 목표는 이 땅에서 하나님나라를 건설하기 위한 사역 도구로 우리 집을 사용하는 것이다. 우리가 그렇게 할 때 하나님의 은혜를 나타내며, 다른 사람들을 섬기는 데 우리의 은사들을 사용하는 것이다.

별로 좋지 않은 내 물건들에 대해 불평하거나 고민하지 않고 즐겁게 대접할 때, 우리는 바로 하나님이 기뻐하시는 일을 하고 있는 것이다. 즉, 하나님의 영광을 위해 우리의 은사들을 사용하는 것이다.

깨지고 흠집이 난 크록팟은 정말 거룩한 것이다. *Karen*

"아버지, 오늘 하루도 어떤 것이든
하나님께서 다른 사람들을 섬기라고 제게 주신 은사들을 사용하며,
불평하지 않고 제 마음과 집을 개방하는 것을 목표로 삼기 원합니다.
예수님의 이름으로 기도합니다. 아멘."

* 상태가 그리 좋지 않은 살림살이를 가지고 있는가? 그 제품을 사역을 위해 사용한 적이
있는가? 앞으로 그것을 사용함으로써 어떻게 하나님께 영광을 돌릴 수 있을까?

24

올바른 힘의 원천을 찾아서

"그리스도 예수의 사람들은

육체와 함께 그 정욕과 탐심을 십자가에 못 박았느니라

만일 우리가 성령으로 살면 또한 성령으로 행할지니."

갈라디아서 5:24,25

갈라디아서 5장 24,25절에서 바울은 우리가 적절한 곳에서 능력을 발견할 수 있도록 단서를 준다. 우리는 예수님을 믿기 때문에 이제 그분께 속해 있다. 우리에게는 새로운 정체성이 주어졌다. 하나님께서는 우리에게 새로운 갈망과 열망들을 은혜로 주신다. 선하고, 우리에게 즐거움을 주며, 사망이 아닌 생명으로 인도하는 것이다. 우리는 '그리스도 예수의 사람들'이며 더 이상 '육신' 안에서 하나님과 동떨어진 삶을 살지 않는다.

우리의 정욕과 탐심을 따라서 우리의 뜻과 생각대로 살고자 하는 대신, 하나님의 성령으로 충만하게 된다. 우리가 예수님을 믿을 때, 하나님께서는 우리가 그분께 속한 자라는 보증으로 우리 안에 성령을 두신다(엡 1:13). 우리 안에 계신 성령님의 일에 협력할 때 우리는 변화되며, 우리가 그분 안에 거할 때 예수님을 더욱더 닮아가게 된다.

우리는 지금 '성령으로 살고' 있음을 기억하도록 격려받고 있다. 그리고 우리의 힘이나 지혜로 살고 있지 않으므로 '성령으로 행해야' 한다(25절). 우리는 삶 속에서 하나님의 역사와 도우심을 거부하고 있음을 매일 고백해야 한다. 그리고 성령께서 우리를 채워주시고 우리 앞에 주어진 그 모든 일을 완수할 능력과 지혜를 주시도록 겸손히 구해야 한다. 결국 "만군의 여호와께서 말씀하시되 이는 힘으로 되지 아니하며 능력으로 되지 아니하고 오직 나의 영으로" 된다(슥 4:6).

당신 자신의 힘이나 능력으로 무엇을 성취하려 하는가? 당신의 가정, 직장, 사역, 또는 하나님의 능력과 임재를 잃어버린 공동체 안에서 무엇을 하려고 하는가? 하나님은 우리에게 그분의 힘을 주기로 약속하셨다.

우리가 하나님께 참으로 중요한 어떤 일을 성취한다면, 그것은 하나님이 성령을 통해 공급해주시는 힘으로 될 것이다.

오늘 당신의 하루를 시작하기 전에, 힘을 얻기 위한 올바른 원천으로 돌아가라. 하나님으로 충분하다는 것을 당신이 알게 될 거라 확신한다! *Ruth*

> "아버지, 십자가 위에서 하나님의 아들을 선물로 주시고,
> 제 마음속에 하나님의 성령을 부어주셔서 감사합니다.
> 성령이여, 저를 충만케 해주세요.
> 성령보다 앞서가거나 뒤처지지 않고,
> 언제나 성령과 함께 행할 수 있도록 도와주세요.

저에게 힘을 주세요.

결코 마르지 않는 주님의 우물에서 물을 긷도록 도와주세요.

예수님의 이름으로 기도합니다. 아멘."

* 당신의 삶에서 자신의 힘으로 애쓰고 있는 영역은 어디인가?

~~~~~~

~~~~~~

~~~~~~

~~~~~~

~~~~~~

~~~~~~

~~~~~~

* 당신의 삶에서 성령의 능력과 임재에 의존하기 시작할 수 있는 한 가지 방법은 무엇인가?

~~~~~~

~~~~~~

~~~~~~

~~~~~~

~~~~~~

~~~~~~

~~~~~~

25

'보이는 것'에 무너지다

"평온한 마음은 육신의 생명이나
시기는 뼈를 썩게 하느니라."

잠언 14:30

나는 뒷마당 데크에 나와 앉아, 유리잔 속의 얼음들이 작은 소용돌이를 일으
킬 때까지 줄무늬 빨대로 아이스티를 힘껏 젓고 있었다. 그러나 휘젓고 있는
것은 내 정오의 음료만이 아니었다. 내 감정들도 소용돌이를 치고 있었다. 그
러니까, 나는 휴대폰으로 소셜 미디어 포스트들을 훑어보고 있었다. 손으로
화면을 넘길수록 내 마음은 더 깊이 가라앉았다. 나는 방금 한 아이의 잘못된
선택을 바로잡고, 남편과 긴장감 가득한 언쟁을 한 데다, 하필 그날 입은 꽉 끼
는 청바지가 한때 너무 헐렁해서 지역 중고 상점에 기부하려던 바지였다는 사
실 때문에 이미 우울한 상태였다.

"휴."

한숨이 나왔다.

휴대폰의 화면들을 넘겨다보니, 이런 생각만 들었다.

'와, 진짜 멋지다. 이 사람들은 모든 걸 가진 듯해.'

이를테면 다음과 같은 장면이 펼쳐졌다.

휴대폰 화면을 넘긴다.

'와, 정말 똑똑하고 공부 잘하는 아이들을 두었구나.'

화면을 가볍게 두드린다.

'온화한 미소를 짓는 남편과 멋진 저녁식사를 하네. 정말 행복해 보인다.'

스크롤을 내린다.

'오, 정말 멋져. 체육관에서 운동하는 사진이네. 운동에 엄청 많은 시간을 들이나 봐. 게다가 몸과 식욕도 도와주겠지. 나도 내일부터 다이어트를 시작해야겠다. 아니면 다음 주 월요일? 오, 나 지금 뭐라는 거야? 난 절대 저렇게 되지 못할 거야.'

바로 이거다. 소셜 미디어를 보다 보면 우리는 '보이는 것'에 완전히 무너질 수 있다. 언제나 모든 사람이 우리보다 훨씬 더 잘 사는 것처럼 보인다.

오늘 잠언의 핵심 구절은 이것을 잘 보여준다.

"평온한 마음은 육신의 생명이나 시기는 뼈를 썩게 하느니라"(잠 14:30).

'시기'란, 처음에 한 '정말 멋지다'라는 생각을 의미하지 않는다. 그것은 격렬하고 열성적인 '질투'를 의미한다. 또한 '썩게 한다'는 단어는 '부패시킨다'라는 의미다. 이 구절에서는 어떤 사람의 생명력의 비유적인 죽음을 의미한다. 그러나 여기에 묘사된 음울한 장면을 오래 생각하진 말자. 이 구절의 나머지 절반은 어떠한가?

'평온한 마음'은 말 그대로 건전하고, 온전하며, 건강하고, 치유된 마음을 의미한다. 그러므로 감정적, 영적으로 건강한 마음을 갖는 비결은 시기심이 가까이 오지 못하게 하는 것이다.

우리는 이것을 위해 '불쌍한 나'의 사고방식과 싸운다. 감사하는 마음은 시기심을 내쫓고, 우리 영혼을 하나님의 완전한 평안 속에 정착시킨다. 이다음에 휴대폰으로 사진들을 보면서 '보이는 것'에 무너지려 할 때면, 잠시 또는 일주일 동안 로그아웃 하고 우리가 받은 많은 복들을 세어보기 시작하자.

우리가 가진 것에 대해 하나님께 감사하고 다른 사람의 삶을 부러워하지 말자. 그러면 참된 만족이 당신이 원하는 것을 갖는 데 있지 않다는 것을 알게 될 것이다. 그것은 당신이 이미 가진 것보다 더 많은 것을 원하지 않는 것이다. _Karen_

"아버지, 아버지께서 제게 주신 모든 것에 진심으로 감사하고

다른 사람의 삶을 부러워하지 않도록 도와주세요.

저는 하나님으로 충분합니다.

예수님의 이름으로 기도합니다. 아멘."

＊ 당신은 누구를, 혹은 무엇을 시기하는가? 아래에 고백의 기도를 적어보고, 이 시기심을
감사로 바꿀 수 있도록 도움을 구하자.

26

하나님이 멀리 계신 것 같을 때

"여호와여 어느 때까지니이까 나를 영원히 잊으시나이까
주의 얼굴을 나에게서 어느 때까지 숨기시겠나이까."

시편 13:1

내가 내 사랑하는 친구에게 팔을 슬며시 감았을 때, 그녀는 눈물로 범벅이 되었다. 그녀는 마치 황무지에 있는 것 같은 기분이었다. 하나님이 그녀를 위해 일하고 계신 것 같지 않았고, 매달 하나님의 응답을 기다리는 일이 그녀가 짊어져야 할 더 무거운 짐이 되었다. 우리는 함께 기도했고, 함께 울었다. 그녀는 이렇게 말했다.

"하나님은 다른 모든 사람들을 위해 오시는 것 같아. 나만 빼고."

나는 그녀가 겪고 있는 일들을 다 이해하는 척하지 않았다. 하지만 그녀가 경험하고 있는 일이 과연 하나님께서 그녀를 위해 하고 계신 일인지 궁금하지 않을 수 없었다. 좀 다른 길, 좀 더 힘든 길이긴 했다. 그러나 궁극적으로는, 그녀에게 가장 필요했던 것을 주었다. 바로 그녀 영혼의 깊은 변화였다.

우리도 때로 하나님이 우리를 잊으셨다고 느꼈을 것이다. 우리의 고난은 저마다 독특하다. 성경은 오늘의 구절처럼 고통스러운 질문과 감정들을 해결하려고 애썼던 사람들로 가득하다.

"여호와여 어느 때까지니이까 나를 영원히 잊으시나이까"(시 13:1).

시편 기자는 우리의 부르짖음, 열망, 의문들을 말로 표현했다. 때로는 하나님이 멀리 계시거나 그 얼굴을 우리에게 숨기고 계신 것 같다고 말이다.

요즘 하나님께서는 종종 좀 다른 일, 더 심오한 일을 행하신다. 응답받지 못한 기도들은 하나님의 부재를 나타내는 증거가 아니라, 우리의 영혼 속에서 이루어지는 하나님의 특별한 활동을 나타낸다. 우리는 모두 힘든 시간과 상황들을 빨리 지나가고 싶어 하지만, 일반적으로는 이때 하나님이 우리 안에서 가장 큰 일을 행하신다.

하나님이 멀리 계신 것 같을 때, 하나님은 그분이 우리를 위해 해주실 수 있는 일보다 하나님 자신을 더 찾고 갈망하도록 우리를 가르치신다. 이런 경우 대부분 하나님은 우리 안에 더 깊은 친밀감, 겸손, 인내, 신뢰, 그리고 소망이 자라게 하신다. 힘든 길은 대체로 거룩한 길이다. 즉, 우리의 영혼에 절실히 필요한 가장 깊은 변화를 일으키기 위해 하나님이 사용하시는 여정이다.

따라서 하나님이 멀리 계신 것처럼 느껴진다면 하나님이 당신 안에 더 깊은 일을 행하고 계신 것이니, 힘을 내라. 하나님은 결코 우리를 버리거나 떠나지 않겠다고 약속하셨다(히 13:5). 이 시기에서 급하게 벗어나려 하지 말라. 당신의 상황들을 빨리 지나치려 하지 말라. 당신을 사랑하시고, 계속해서 당신 안에서 선한 일을 행하고 계신 하나님을 의지하라(빌 1:6). *Ruth*

"하나님, 언제나 보이는 것이나 느끼는 것이 전부가 아니라는 걸 압니다.

하나님이 멀리 계신 것 같을 때에도 하나님을 신뢰하고,

계속해서 저를 변화시켜주시기를 원합니다.

하나님이 저를 변화시키시고

제 영혼 안에 더 깊은 일을 행하기 원하신다는 것을 압니다.

예수님의 이름으로 기도합니다. 아멘"

＊ 지금 직면하고 있거나 과거에 직면했던 어려운 시기 혹은 상황 속에서 하나님이 당신의

어떤 부분을 가장 성장시키기 원하신다고 느끼는가?

27

천국의 관계 레시피

"그들이 새 노래를 불러 이르되
두루마리를 가지고 그 인봉을 떼기에 합당하시도다
일찍이 죽임을 당하사 각 족속과 방언과 백성과 나라 가운데에서
사람들을 피로 사서 하나님께 드리시고."

요한계시록 5:9

나는 인생에서 딱 한 해를 제외하고는 모두 내가 태어난 곳에서 20마일 내에 있는 작은 마을들에서 살았다. 이 마을들은 예스럽고 친숙하지만, 인종 또는 민족적으로 다양하다고 할 수는 없는 곳들이다. 그런 지역에서 자랐기 때문에 나와 다르게 생긴 사람들을 알아가는 것이 어려운 과제다.

다행히 아버지의 친구와 함께했던 경험 덕분에 나와 우리 가족은 우리와 외모, 삶, 예배 방식이 다른 사람들을 알아가기 위해 의도적으로 노력하게 되었다. 그 분의 이름은 레이다.

레이는 아버지의 동료로서 우리 가족과 꽤 가까워졌다. 그와 나는 완전히 다른 성장 배경을 갖고 있었고 인종도 달랐지만 비슷한 마음, 그러니까 하나님과 가족과 사역을 사랑하는 마음을 갖고 있었다. 지금 레이와 나는 친남매 같고, 심지어 우리 아버지의 유언장에도 그의 이름이 있다.

현재 레이 형제는 우리 집에서 남쪽으로 몇 마일 떨어진 큰 도시 교회의 목사로 섬기고 있다. 몇 년 전 그 교회 성도들이 더 큰 교회 건물을 매입하여 그곳에서 첫 예배를 드렸을 때, 레이는 내 남편을 초청 연사 중 한 사람으로 초대했다.

예배 후에는 그 교구의 많은 여성들이 사랑으로 손수 만든 성대한 가정식 만찬으로 축하하는 시간을 가졌다. 우리 가족과 나는 왕처럼 대접을 받았다. 우리는 주빈석에 앉아 가장 맛있는 음식을 대접받았는데, 내가 한 번도 먹어본 적이 없는 음식들도 많았다. 우리 아이들은 놀이방에서 그 교회의 다른 아이들과 같이 놀았다. 우리는 그 교회의 많은 성도들과 서로 안아주고, 행복을 빌어주며, 요리 레시피를 주고받았다.

그것은 놀라운 경험이었다. 이 일이 더 기억에 남는 이유는 이 행사의 참석자 중 우리와 같은 인종은 우리 가족이 유일했다는 것이다. 그 주일날, 소수 집단에 속했던 것은 우리 아이들을 포함한 우리 가족 모두에게 매우 유익했다.

오늘의 구절은 천국에 있는 모든 사람이 비슷한 외모를 갖고 있지 않을 거라는 사실을 명백히 보여준다. 모든 족속과 나라와 방언에 속한 사람들이 있을 것이다. 천국이 그렇게 다양한 사람들이 모이는 곳이라면, 확실히 우리는 이 땅에 있는 동안에도 다양성을 추구해야 할 것이다.

우리는 새로운 관계들을 찾아야 한다. 우리 아이들-그리고 우리가 영향을 끼칠 수 있는 다른 젊은 영혼들-에게 그들의 친구 관계에서 다양성을 추구하도록 격려할 때에도 고정관념을 나타내지 말아야 한다.

당신과 다른 외모와 생활방식을 가진 사람들에게 다가가겠는가? 그렇게 할 때 당신은 천국을 살짝 엿보면서 사람들을 향한 하나님의 마음을 나타내는 것이다. 이 과정에서 새로운 레시피들을 얻게 될지도 모른다. 무엇보다 중요한 것은 사랑을 위한 레시피다. _Karen_

"아버지, 저와 다른 사람들을 알아가고 섬기는 일에 대해
의도적으로 노력하기 원합니다.
그들에게 주님의 사랑을 나타낼 수 있도록 도와주세요.
예수님의 이름으로 기도합니다. 아멘."

* 당신의 친구 중에 당신과 외모와 생활방식이 비슷한 사람들만 있는가? 당신의 친구 관계에서 다양성을 추구하기 위해 취할 수 있는 실제적인 조치들은 무엇인가?

28

지금, 이곳을 위한 믿음

"내가 너희에게 말하기를 그들을 무서워하지 말라 두려워하지 말라
너희보다 먼저 가시는 너희의 하나님 여호와께서 애굽에서 너희를 위하여
너희 목전에서 모든 일을 행하신 것같이 이제도 너희를 위하여 싸우실 것이며
광야에서도 너희가 당하였거니와 사람이 자기의 아들을 안는 것같이
너희의 하나님 여호와께서 너희가 걸어온 길에서 너희를 안으사
이곳까지 이르게 하셨느니라 하나."

신명기 1:29-31

삶은 기쁨으로 가득하다. 그러면서도 예측할 수 없고 무섭기도 하다. 우리는
성경을 읽을 때 훌륭한 사람들을 만난다. 두려움이 가까이에 도사리고 있을
때에도 하나님을 신뢰하고 믿음으로 나아가는 법을 배우는 하나님의 사람들
의 이야기가 많다. 또한 우리는 하나님께서 그분의 백성에게 두려워하지 말라
고 계속 상기시켜주셔야만 했다는 사실에 용기를 얻기도 한다.

신명기 1장 29-31절은 이스라엘 백성이 약속의 땅에 들어가기 전에 하나님
이 그들에게 상기시켜주시는 말씀이다. 나는 이 말씀이 너무 좋다. 그들도 두

려워했다. 그들도 '하나님이 오지 않으시면 어떻게 하지?'라는 의문을 갖고 있었다. 그들도 미래를 바라보며 하나님의 선하심과 신실하심을 믿지 못해 힘들어 했다. 과거에 그것을 직접 '눈'으로 보았는데도 말이다(30절).

하나님은 그때 이스라엘 백성에게 강조하신 것처럼 지금 우리에게도 말씀하신다.

"나는 너희보다 먼저 가고 있다. 내가 너희를 위해 싸울 것이다. 너희는 전에 내가 그렇게 행하는 것을 보았다. 내가 다시 그렇게 할 것이다."

모세는 하나님이 선하시고 신실하셨으며, 사람이 자기의 아들을 안는 것같이 하나님이 그들을 안으시고 '이곳'까지 이르게 하셨다고 했다(31절).

두려움은 '다음 장소'에 산다. 두려움은 다음 주 혹은 다음 해에 산다. 장래, 우리 아이들이 집을 떠나거나 우리가 늙었을 시기에 살고 있다. 그 두려움은 우리에게서 오늘을 빼앗아간다. 우리로 하여금 잘 잊어버리게 한다. 그러나 하나님은 우리를 '이곳'에 이르게 하기 위해 신실하게 우리에게 필요한 모든 것을 공급해주셨음을 우리가 기억하기 원하신다. 또한 하나님이 우리를 '이곳'에 이르게 하셨다면, 하나님이 임재하시고 그분만으로 충분한 '다음 장소'까지 우리를 인도하시리라고 확신할 수 있다.

오늘, 당신을 두렵게 하는 것은 무엇인가? 하나님이 당신을 두신 곳에 편히 머물러 있는가, 아니면 하나님이 당신을 인도해가시는 곳에 대해 염려하고 있는가? 오늘, 하나님의 임재와 능력이 당신과 함께하심을 믿고 두려움과 싸우라. 하나님의 평강, 모든 지각에 뛰어난 평강이 염려에도 불구하고 당신의 마음과 생각을 지켜줄 것이다. 당신의 하나님이 가까이 계심을 알기 때문이다.

또한 당신은 하나님이 선하심을 안다. *Ruth*

"아버지, 아버지의 신실하심과 선하심으로
저를 '이곳'까지 오게 해주셔서 감사합니다.
오늘 제 믿음이 연약한 곳에 소망을 주세요.
하나님의 평강으로 제 마음과 생각을 지켜주세요.
하나님이 모든 걸음마다 저와 함께, 저를 위해 계시는 것을 기억하게 해주세요.
예수님의 이름으로 기도합니다. 아멘."

＊ 당신은 어떤 면에서 '이곳' 대신에 '다음 장소'에서 살고 있는가?

＊ 당신은 오늘 어떻게 믿음으로 두려움과 싸울 것인지 생각해보자.

29

텍사스에서 가장 부유한 가난뱅이

"무엇이든지 전에 기록된 바는 우리의 교훈을 위하여 기록된 것이니
우리로 하여금 인내로 또는 성경의 위로로 소망을 가지게 함이니라."

로마서 15:4

　미국 대공황이 절정에 달했던 1931년, 동부 텍사스에 F. K. 라스롭(Lathrop)
이라는 사람이 살고 있었다. 당시 많은 사람들이 그랬듯이, 라스롭은 자기 가
족을 부양하기 위해 변변찮은 수입을 늘리려고 애쓰는 노동자였다. 그는 가까
운 농업 회사에서 일하며 매우 적은 돈을 벌고 있었다. 그의 발 밑에 놓인 땅은
메마르고 단단했다. 너무 단단해서 물을 긷기 위해 땅을 파는 데도 매우 힘이
들었다.

　하지만 평범한 어느 날, 땅을 파던 그는 자신의 농가 밑에 H_2O(물) 외에 다
른 것이 흐르고 있는 것을 알게 되었다. 라스롭은 자기 가족을 영원히 먹여 살
릴 수 있는 비밀을 발견했다. 돌투성이였던 땅 밑의 깊은 곳에 원유가 감춰져
있었던 것이다!

　그가 파던 우물에선 놀랍게도 매일같이 3,4만 배럴의 기름이 나왔다. 라스

롭은 그 우물을 350만 달러에 팔고 회사로 당당히 들어가 사표를 냈다. 그는 더 이상 힘들게 살 필요가 없었다. 그야말로 기름 속에서 헤엄을 치며 부자로 살게 된 것이다!

나는 이 텍사스 농부의 이야기가 굉장히 매력적이라고 생각한다. 그는 오랫동안 자기 땅에 감춰진 비밀을 모른 채 살아왔다. 그러니까, 그는 텍사스에서 가장 부유한 가난뱅이였다! 땅을 깊이 파기 전까지는 단단한 땅 밑에 있는 석유를 발견할 수 없었기 때문이다. 그는 힘들게 일하는 노동자로 살았지만, 사실은 백만장자였다! 그러나 자신의 상황에 대한 진실을 알고 자신의 부를 활용하기 전까지는 큰 부자로 살 수 없었다. 오늘날 우리 중 많은 이들이 성경의 부를 활용하지 못하고 사는 것과 비슷하다.

오늘의 구절은 성도들의 삶 속에서 하나님 말씀이 중요함을 보여준다. 그러나 단지 집에 성경책이 있다거나 컴퓨터 화면에 성경 구절이 띄워져 있다고 해서 우리가 이 구절이 약속하는 모든 것을 경험하게 된다고 장담할 수는 없다. 우리는 성경을 깊이 파고 들어가서 그 말씀의 진리들이 우리의 영혼에 다가오게 해야 한다.

우리는 단지 성경을 읽는 것이 아니라 성경이 우리를 읽게 해야 한다. 즉, 성경이 우리의 죄를 깨닫게 하고 우리를 변화시키는 것이다.

당신은 하나님의 말씀을 깊이 파고 들어가 부를 발견했는가, 아니면 근본적으로 성경적 빈곤 가운데 살면서 그저 생계를 위해 아등바등하며 살고 있는가?

당신의 성경책에서 먼지를 털어내라. 성경이 당신에게 주는 영적 보물들을 발견해내는 시간을 가지라. 그 보물은 성경 말씀 안에 아름답게 묻혀 있다. 당신이 살아 있는 말씀의 진리를 알 때, 당신의 삶 속에서 진리를 담대히 실천하며 살기 위한 확신을 얻게 될 것이다. 세상의 부보다 더 위대한 이 발견은 당신의 삶을 영원히 변화시킬 것이다. 그 안에는 틀림없이 풍부한 자원이 있다. *Karen*

"아버지, 아버지의 거룩한 말씀을 깊이 파고 들어가,
거룩한 삶을 살게 해줄 성경의 진리들을 발견하게 해주세요.
예수님의 이름으로 기도합니다. 아멘."

* 하나님의 말씀을 읽고 말씀의 지식을 흡수하고 있지만 실제로는 말씀이 당신의 행동을 변화시키는 것을 허용하지 않고 있는 삶의 영역이 있는가?

30

고난을 통해 성장하라

"다만 이뿐 아니라 우리가 환난 중에도 즐거워하나니
이는 환난은 인내를, 인내는 연단을, 연단은 소망을 이루는 줄 앎이로다."

로마서 5:3,4

내가 원하는 것은 오직 내 고난을 없애는 것이었다. 그때 나는 다섯 번째 유산을 했고, 그때까지 나에게 너무나 익숙해진 그 고통이 빨리 지나가기만을 바라고 있었다. 나는 그 어떤 것도 겪고 싶지 않았다. 그러나 이제와 돌아보니, 내가 그런 식으로 얼마나 많은 것을 놓쳤는지 알겠다. 내가 놓친 것은 질문, 눈물, 또는 다른 아이에 대한 열망이 아니었다. 내가 보지 못한 것은 바로 하나님이 내 안에 행하고 계신 일이었다.

우리가 고난을 통해 성장하는 대신 그저 빨리 통과하려고만 한다면 환난 중의 '즐거움'을 잃어버리게 된다. 이 즐거움이 바로 신약성경 전체에서 우리에게 제대로 고난을 겪으라고 명하는 이유다.

그렇다면 우리가 제대로 고난은 겪을 때 우리 안에 무엇이 생겨날까? 로마서 5장 3,4절은 하나님이 결코 고난을 헛되게 하지 않으신다는 것을 상기시켜

111

준다. 고통스러운 시기와 상황들은 의미와 목적들로 가득하다. 그것들은 사실 우리 안에 무언가를 이루어내고 있다. 그래서 우리가 고난을 벗어나고 싶어 함에도, 하나님은 우리가 그것을 견디기 원하신다. 하지만 단지 그 이유 때문만은 아니다.

우리가 고난과 시련을 견디는 이유는 하나님께서 우리 안에 어떤 일을 이루고 계신다는 것, 더 깊고 훨씬 더 큰 변화를 일으키는 어떤 일을 행하고 계심을 확신하기 때문이다. 사도 바울은 이렇게 말했다.

"우리가 환난 중에도 즐거워하나니 이는 환난은 인내를 … 이루는 줄 앎이로다"(3,4절).

신약성경에서 인내는 하나님을 신뢰하고 순종하는 것에 계속 중점을 두는 것이다. 고난이나 시련은 우리가 가장 중요한 것에 초점을 두지 못하게 하는 온갖 것들을 제거한다. 우리의 고통은 우리의 우선순위들을 정화하고, 우리를 더 큰 사랑과 충성으로 돌아가게 한다. 이것은 우리가 제대로 고난을 받을 때 고난이 우리 안에서 이루어내는 일종의 열매다.

지금 고통스러운 시절을 보내고 있는가? 고난을 견디는 대신 피하는 것이 더 쉽다고 생각하는가? 지금 당신이 직면하고 있는 일이 무엇이든 간에, 서두르지 말라. 하나님을 의지하라. 하나님이 실제로 행하고 계신 일에 귀를 기울이라. 환난 중에 참으라(롬 12:12). 하나님은 당신 안에서, 당신을 위해 어떤 일을 하고 계신다. 당신이 단지 고난을 통과하는 것이 아니라 고난을 통해 성장하기 원하신다. *Ruth*

"아버지, 제가 겸손과 믿음으로 힘든 상황들을 견딜 수 있도록 도와주세요.

속도를 늦추고 고난 속에서 성장하는 법을 가르쳐주세요.

하나님이 제 안에서 행하시는 일이 선한 것임을 믿습니다.

비록 고통스럽더라도 그것은 제 유익을 위한 것입니다.

예수님의 이름으로 기도합니다. 아멘."

✳ 고난을 견딤으로써 하나님이 당신 안에 선한 일을 행하시는 것을 보았는가?

✳ 지금 하나님께서 당신이 어떻게 고난을 견뎌내기 원하신다고 생각하는가?

31

찾아 바꾸기

"너희는 유혹의 욕심을 따라 썩어져 가는 구습을 따르는 옛 사람을 벗어 버리고

오직 너희의 심령이 새롭게 되어 하나님을 따라

의와 진리의 거룩함으로 지으심을 받은 새 사람을 입으라."

에베소서 4:22-24

나는 내 컴퓨터의 훌륭한 편집 도구인 '찾아 바꾸기'의 열혈 팬이다. 그것은 기존의 단어를 찾아내서 내 문장의 의미에 더 적합한 단어로 바꿀 수 있게 도와준다.

내 뇌에도 이런 특성이 있었으면 좋겠다고 생각할 때가 있다. 그러니까, 내 생각들이 건강한 곳에 머물며 하나님의 말씀과 조화를 이루도록 도와주는 '찾아 바꾸기' 옵션이 있으면 좋겠다. 특히 내 일정을 정하거나 내 마음대로 행하려 하는 것(이기심으로 더 잘 알려져 있다)에 대하여 그렇다.

컴퓨터처럼 버튼을 눌러서 즉시 내 옛 생각들을 새로운 것들로 바꿀 수는 없겠지만, 이 '찾아 바꾸기' 과정을 때로 이기적인 내 사고에 적용할 수는 있다.

오로지 홀로 앉아 신세를 한탄하고 싶을 때(솔직히 징징대는 사람과 같이 있고 싫어 하는 사람은 없다), 우리의 부정적인 생각들을 하나님의 말씀으로부터 얻은 통찰로 바꾸자.

여기에 몇 가지 '찾아 바꾸기'의 예가 있다. 우리 자신이 다음의 생각들을 하고 있는 것을 발견할 때, 그것을 바로 뒤에 나오는 구절에서 하나님이 하신 말씀으로 바꾸어보자.

'내가 나 자신을 보살피지 않으면 누가 보살펴주겠는가?'

"참새 다섯 마리가 두 앗사리온에 팔리는 것이 아니냐 그러나 하나님 앞에는 그 하나도 잊어버리시는 바 되지 아니하는도다 너희에게는 심지어 머리털까지도 다 세신 바 되었나니 두려워하지 말라 너희는 많은 참새보다 더 귀하니라"(눅 12:6,7).

'나는 내 의견대로 할 권한이 있다.'

"악을 악으로, 욕을 욕으로 갚지 말고 도리어 복을 빌라 이를 위하여 너희가 부르심을 받았으니 이는 복을 이어받게 하려 하심이라 그러므로 생명을 사랑하고 좋은 날 보기를 원하는 자는 혀를 금하여 악한 말을 그치며 그 입술로 거짓을 말하지 말고 악에서 떠나 선을 행하고 화평을 구하며 그것을 따르라"(벧전 3:9-11).

'내가 최고가 되려고 해야 한다.'

"아무 일에든지 다툼이나 허영으로 하지 말고 오직 겸손한 마음으로 각각 자기보다 남을 낫게 여기고 각각 자기 일을 돌볼뿐더러 또한 각각 다른 사람들의 일을 돌보아 나의 기쁨을 충만하게 하라 너희 안에 이 마음을 품으라 곧 그리스도 예수의 마음이니"(빌 2:3-5).

'그러면 내가 원하는 것은 어찌되는가?'

"주를 기쁘시게 할 것이 무엇인가 시험하여 보라"(엡 5:10).

어떠한가? '찾아 바꾸기' 요법이 당신의 생각 패턴에 도움이 되겠는가? 그것은 확실히 우리의 마음을 하나님께 집중시키고, 그 결과 다른 사람들과의 관계뿐 아니라 하나님과의 관계를 더 건강하고, 행복하고, 온전하게 만든다. 이기적이지 않고 하나님을 기쁘게 해드리는 태도를 추구하자. 찾아 바꾸기를 우리의 목표로 삼자. *Karen*

> "사랑하는 하나님, 이기심이 저를 유혹할 때
>
> 제 생각을 하나님의 뜻과 하나님의 말씀에 맞추게 해주세요.
>
> 예수님의 이름으로 기도합니다. 아멘."

* 당신이 오늘 품고 있는 이기적인 생각들에 대해 생각해보라.(우리는 모두 그런 생각을 품고 있다!) 그다음, 당신만의 '찾아 바꾸기' 예를 적고, 그 생각을 성경 구절로 바꾸어보라.

32

자양분이 되는 말

"의인의 입술은 여러 사람을 교육하나."

잠언 10:21

예수님을 따르던 많은 사람들처럼, 하나님과 더 깊이 동행하려고 애쓰는 수도 사가 있었다. 이 수도사, 아가토(Agatho) 대수도원장은 사막으로 도피했다. 그 는 자신의 말로 죄를 범하려는 유혹을 의식하고, 3년 동안 입에 돌을 물고 다 녔다는 이야기가 있다! 그는 침묵하는 법을, 또는 자신의 입술을 제어하는 법 을 배울 때까지 그렇게 했다.

나는 말조심하는 것을 잊지 않으려고 입에 돌을 물고 다닐 각오까지는 되어 있지 않다. 하지만 말을 어리석게 사용하려는 유혹을 받는 것은 알고 있다. 우 리는 생명을 주기 위해 말씀하시고 그 말씀을 사용하시는 하나님을 섬기므로, 우리의 말이 정말로 중요하다는 것을 알게 된다. 그것은 우리의 결혼생활, 가 족, 직장, 교회에서 매우 중요하다. 우리의 말은 실제로 우리 마음에 가득한 것 이 흘러나오는 것이며(눅 6:45), 하나님이 우리 곁에 두신 사람들의 마음을 움 직이는 힘이 있다.

잠언 10장 21절에서 저자는 "의인의 입술은 여러 사람을 교육하나"라고 말했다. 우리의 말로, 우리가 만나는 사람들에게 생명과 건강과 좋은 것들을 가져다준다는 것이다. 우리는 혀를 굴림으로써 다른 사람들을 더 이롭게 만든다. 우리는 입술로 남을 험담하거나 비방하고, 악의를 표현하고, 쓸데없는 이야기를 하지 말아야 한다. 이런 말들은 양분을 공급해주는 대신 생명을 빼앗는다.

우리는 격려의 말들로 주변 사람들에게 양분을 공급해줄 수 있다. 사랑 안에서 진리를 말하라. 우리의 고마움을 전하라. 하나님 말씀의 진리와 약속들로 다른 사람들을 세워주라. 우리가 온화함과 연민을 품고 말할 때 다른 사람들에게 양분을 공급해줄 수 있다. 무기로 사용되기 쉬운 말들을 하지 않기로 선택할 때 그 말은 생명을 가져다준다.

당신은 말을 어떻게 사용하고 있는가? 당신의 말은 주변 사람들에게 양분을 공급해주는가? 잠시 시간을 내어 기도하면서 당신의 말들이 가장 가까운 사람들에게 어떻게 생명 혹은 사망을 가져다주고 있는지 생각해보라. 잠언에 묘사된 의를 추구하자. 즉, 자신의 말로 단지 몇 사람이 아니라 많은 사람을 교육하는 사람이 되자! *Ruth*

"하나님, 하나님은 말씀하시는 분입니다.
제가 주변 사람들에게 하나님이 어떤 분이신지를 나타낼 때
말을 지혜롭게 사용하도록 도와주세요.
제 입술로 여러 사람을 교육할 수 있도록 제게 은혜를 주세요.

제 말들이 항상 하나님을 높이는 데 사용되지 않는다는 것을 고백합니다.

저를 용서해주시고, 하나님이 제게 주시는 말들로

주변 사람들을 사랑하고 섬기도록 가르쳐주세요.

예수님의 이름으로 기도합니다. 아멘."

* 당신은 어디에서 가장 많이 당신의 말과 씨름하는가?

* 오늘, 당신의 말로 다른 사람들에게 양분을 공급해줄 수 있는 한 가지 방법은 무엇인가?

33

기다리는 훈련

"오직 여호와를 앙망하는 자는 새 힘을 얻으리니

독수리가 날개치며 올라감 같을 것이요 달음박질하여도 곤비하지 아니하겠고

걸어가도 피곤하지 아니하리로다."

이사야서 40:31

하나님이 당신을 강도 높은 '기다리기 훈련' 수업에 등록시키신 것처럼 느껴지는가? 당신은 기도한다. 묻는다. 하나님의 응답을 기다린다. 하지만 로딩하는 데 오랜 시간이 걸리는 인터넷 페이지처럼, 당신은 기다려야 한다. 그리고 좀 더 많이 기다린다.

이 기다림은 전혀 즐겁지 않다. 하지만 신체의 웨이트 트레이닝(weight training)이 힘을 길러주듯이, 영적인 기다림의 훈련(wait training)도 마찬가지다. 우리는 오늘의 구절에서 이것을 약속받는다.

어떻게 기다림이 우리의 힘을 새롭게 해줄 수 있는가? 우리가 걱정하고 애태우며 조마조마하게 손가락을 두드릴 때, 기다림이 우리의 힘을 약화시키는 것처럼 보이지 않는가? 우리의 마음속에서 'what-if'(~하면 어쩌지) 게임을 하다보면 진이 빠진다.

'이 일이 잘 안 되면 어쩌지?'

'하나님의 응답이 거절이면 어쩌지?'

'내가 제일 두려워하는 일이 실제로 일어나면 어쩌지?'

이 모든 걱정 가득한 기다림은 우리를 강하게 하기보다 진이 빠지게 한다. 어떻게 하면 이것을 바꾸어 실제로 우리 자신이 새로워지는 것을 발견할 수 있을까?

나는 기다리는 시간에 내 관점을 전환시키는 것이 힘을 보충해준다는 것을 알게 되었다. 그래서 하나님이 침묵하시는 것 같은 그 시간들을 가만히 앉아서 불안하게 응답을 기다리는 시간으로 생각하지 않으려 했다. 그보다는 마치 내가 집사, 가정부, 또는 레스토랑 종업원인 것처럼 기다리고 있다고 생각하려 한다.

여호와를 앙망하는 사람들, 즉 하나님을 섬기고 시중들며 그분의 일을 성취하시도록 돕는 것처럼, 하나님의 주문을 받아 그분이 원하시는 것을 가져다주는 사람들은 새 힘을 얻는 자들이다(사 40:31). 그들은 독수리같이 날개를 치며 올라간다. 걸어가도 피곤하지 않다.

우리가 섬길 때, 우리가 갈망하며 기다리는 분이 어떤 분이신지를 더 잘 알게 된다. 우리는 경계하고, 주의를 기울이며, 하나님의 뜻에 맞추게 된다. 우리의 문제들에서 눈을 떼고 대신 하나님께 시선을 고정시키기 시작한다. 우리가 그렇게 할 때 하나님의 마음을 엿볼 수 있다.

응답을 기다리는 그 길고 힘든 시간에도 우리는 계속해서 하나님을 섬긴다.

그리고 기다림은 우리의 영적인 힘을 약화시키는 것이 아니다. 우리가 하나님의 뜻을 행하려 할 때 그 기다림은 우리의 힘을 새롭게 한다.

나와 함께 기다리기 훈련에 등록하겠는가? 그러면 당신의 영적 근육이 더욱 강해질 것이다. 그러나 우리는 이 관점에 충실해야 한다. 우리는 단지 '하나님을 기다리는' 것이 아니라 하나님을 섬길 것이다. *Karen*

> "사랑하는 하나님, 그 기다림과 의심의 시간에
> 제 관점을 전환하도록 저를 가르쳐주세요.
> 안달하고 걱정하는 것을 멈추고, 대신 바쁘게 하나님을 섬기게 해주세요.
> 예수님의 이름으로 기도합니다. 아멘."

* 당신이 기다리고 있는 몇 가지를 적어보라. 어떻게 하면 안달하는 대신 하나님을 섬기면서 기다릴 수 있을까?

34

서로를 위한 공간 만들기

"서로 대접하기를 원망 없이 하고."

베드로전서 4:9

남편과 내가 처음 결혼했을 때, 우리는 1903년쯤에 지어져서 거의 100년 된 집에 살았다. 어느 날 현관 베란다에 앉아 길을 내다보다가 다른 쪽 거리에도 비슷한 집들이 줄지어 있다는 생각이 들었다. 모두 아늑한 현관 베란다가 있었다. 하지만 곧 다른 점이 눈에 들어왔다. 아무도 그 베란다를 사용하고 있지 않거나, 적어도 사용하는 집은 매우 소수라는 점이었다.

우리는 대개 템포가 빠르고, 바쁘고, 개인적인 문화 속에 살고 있다. 동네에 따라 다르지만, 이웃에 사는 사람들을 알려면 특별히 애를 써야 한다. 현관 베란다는 주로 집 뒤쪽에 만들어놓은 데크로 대체되었다. 그것은 우리를 다른 사람들로부터 더 차단해주고 사생활을 보호해준다.

성경은 우리에게 다른 사람들을 사랑하고 잘 섬기기 위한 단순한 해법을 준다. 그것은 우리가 이제는 자주 접하지 못하는 관습이지만, 매우 실제적인 방법으로 다른 사람들에게 그리스도의 사랑을 보여주는 힘이 있다. 바로 접대의 관습이다.

신약성경에서는 접대가 일상적으로 권장된다(롬 12:13). 우리는 우리 집을 개방하고 불평 없이 음식을 함께 나눔으로써 다른 사람들을 사랑하고 섬겨야 한다(벧전 4:9). 사실 디모데전서 3장 2절 말씀에 따르면, 정기적으로 접대를 실천하지 않으면서 교회 지도자가 되려고 해선 안 된다. 그리고 우리가 예수님의 삶을 볼 때 그분 사역의 많은 부분이 식탁을 중심으로 이루어졌음을 발견하게 된다.

접대는 누군가를 집으로 초대하는 것 이상의 의미가 있다. 그것은 친구, 동료, 이웃과 더 깊고 의미 있는 우정을 쌓아가자는 초청이다. 당신이 누군가에게 집을 개방할 때는 그들에게 당신의 마음을 열고 있는 것이다. 그것은 당신을 알고, 또 당신에게 자신을 알려달라는 초청이다. 당신의 집을 개방하여 식사나 커피를 함께하는 단순한 행위는 다른 사람들의 마음으로 들어가는 문을 열어준다.

누군가에게 당신의 마음을 열기 위해 당신의 집, 음식, 또는 커피 한 잔을 어떻게 사용할 것인가? 단순하고 평범한 초대가 예수님처럼 다른 사람들을 사랑하고 섬기는 강력한 방법이 될 수 있다. 당신의 집과 마음을 열고, 하나님이 무엇을 하실 수 있는지 보라! *Ruth*

"아버지, 대접하는 관습이 하나님께서 그리스도 안에서
우리를 위해 하신 일을 묘사하는 것임을 믿습니다.
하나님은 저를 초대하셔서 하나님을 알고 하나님의 사랑을 받게 하셨습니다.

다른 사람들에게 제 집과 마음을 내어주는 것이

어떠한 힘이 있는지 저에게 보여주세요.

시간과 음식을 함께 나누는 단순한 행위를 사용하셔서

다른 사람들과의 우정이 더 깊어지게 해주세요.

예수님의 이름으로 기도합니다. 아멘."

* 다른 사람들을 즐겁게 해주는 것과 대접하는 것의 차이는 무엇인가?

~~~~~~

~~~~~~

~~~~~~

~~~~~~

~~~~~~

* 접대를 실천하기 위해 당신이 의도적으로 할 수 있는 한 가지 일은 무엇인가?

~~~~~~

~~~~~~

~~~~~~

~~~~~~

~~~~~~

~~~~~~

~~~~~~

35

아버지께서 가장 잘 아신다

"여호와께서 말씀하시되

이는 그들이 내가 그들의 앞에 세운 나의 율법을 버리고

내 목소리를 순종하지 아니하며 그대로 행하지 아니하고."

예레미야서 9:13

차에 짐을 다 실었다. 차에 기름도 가득 채웠다. 장거리 여행을 대비해 아이스
박스에 샌드위치도 가득 채웠다. 세 아이들과 나는 신나게 여름 여행을 떠났
다. 스트레스 많고 분주한 일상의 한가운데서, 우리는 큰맘 먹고 친구의 초대
를 받아들였다. 자기가 무료로 사용 허락을 받은 바닷가의 집에서 함께 시간
을 보내자는 초대였다.

이건 작은 일이 아니었다. 세 아이와 함께 차를 타고 17시간을 가야 했다. 당
시 우리에게는 GPS가 없었다. 나는 자세하게 길을 알려주는 어느 온라인 사이
트를 이용했는데, 이 길 안내가 여행을 아주 쉽게 만들어줄 거라고 생각했다.
나는 그것을 출력해서 서류철 안에 넣고 시동을 걸었다.

그러나 떠나기 전에 우리 아버지가 나를 불렀다. 아버지는 우리가 가려는

해변 근처에서 매년 겨울을 보내신다. 아버지는 지난 18년 동안 일 년에 두 번 그 길을 다니셨고, 목적지에 가는 방법을 아주 잘 아시니 내게 말로 길을 알려주시겠다고 했다.

나는 마지못해 아버지가 알려주시는 것을 받아적었다. 그리고 그것을 조수석의 도구함에 던져 넣었다. 나는 아버지의 호의에 감사했지만, 아마 그것이 필요하지는 않을 거라고 장담했다. 내가 떠날 때 아버지는 이렇게 말했다.

"그래도 혹시 모르지. 명심해라, 아버지가 제일 잘 안다!"

목적지를 향해 절반 정도 갔을 때 인터넷 길 안내에 나와 있는 도로 번호와 도로명이 일치하지 않는다는 걸 알았다. 나는 도로 번호를 따라가기로 했다. 얼마 후, 나는 완전히 길을 잃어버렸다. 그래서 방향을 돌렸던 곳으로 돌아가 다시 시도해보았다. 하지만 이번에도 길을 찾을 수 없었다!

다시 나왔을 때 주유소에 잠깐 들러 도움을 청했다. 주유소 직원은 웃으면서 나에게 올바른 길 안내가 적혀 있는 종이 한 장을 건네주었다. 매일같이 수많은 길 잃은 여행자들이 바른 길로 돌아가길 바라며 그 주유소에 들어왔던 것이다.

인터넷에서 받은 길 안내의 나머지 부분도 잘못되지 않았을까 걱정되어, 재빨리 도구함을 더듬어 아버지의 자세한 안내가 적힌 종이를 찾아냈다. 나는 그것을 주유소 직원에게 보여주었다.

그가 말했다.

"완벽하네요! 아버지가 알려주신 대로만 가면 길 잃을 일은 없겠어요."

삶의 많은 부분이 그렇듯이, 우리는 행복을 찾는 최신 지름길에 대해, 또는 천국에 이르는 새로운 길들에 대해 듣는다. 우리는 일명 '새로운 길'이라 불리는 것들을 믿고 싶은 갈망을 뿌리치고, 대신 아버지의 본래의 가르침들을 따라야 한다. 바로 거룩한 성경이다.

하나님의 교훈들은 결코 틀리지 않는다. 그것은 평안과 만족, 그리고 하늘나라에서 영원히 하나님과 함께 거하는 집으로 우리를 인도한다. 그것은 일주일간 해변에 머무는 것보다 훨씬 더 좋다! *Karen*

"사랑하는 주님, 주님의 오래된 가르침,
성경에 영원히 의존하도록 도와주세요.
오직 하나님의 거룩한 길만 따르게 해주세요.
예수님의 이름으로 기도합니다. 아멘."

* 당신은 길을 잃었던 적이 있는가? 그때 어떻게 길을 찾아 나왔는가? 어떤 교훈을 배웠는가?

36

가장 깊은 갈망 만족시키기

"의에 주리고 목마른 자는 복이 있나니

그들이 배부를 것임이요."

마태복음 5:6

"여보, 이 오믈렛 좀 봐요!"

내가 남편에게 말했다. 우리는 미시간 주 앤아버에 있는 레스토랑으로 가는 길이었다. 우리가 좋아하는 레스토랑이었다. 그 와중에 나는 근처 레스토랑의 인스타그램에서 음식 사진들을 보고 있었다.

"지역 농장에서 난 식재료로 음식을 만든대요. 유기농으로. 다음에는 여기에 한번 가봐야겠어요!"

남편은 음식에 대한 내 열정에 아랑곳하지 않았다. 나를 너무나 잘 아는 남편은 내가 모든 음식을 사랑한다는 걸 안다. 그는 종종 농담처럼 우리 도시를 방문하는 사람들에게 식당 안내하는 일을 해도 되겠다고 말하곤 한다. 그의 말이 맞을지도 모른다! 나는 좋은 음식을 사랑하고, 하나님도 그러신 것 같다.

하나님이 우리를 어떻게 만드셨는지 생각해보라. 보통 사람은 약 1만 개의

미뢰를 갖고 있다고 한다. 우리의 미뢰에는 미세한 털들이 있어서 뇌에 메시지를 보내 어떤 것이 단지, 짠지, 쓴지, 신지를 알려준다. 음식은 우리 몸을 움직이는 데 필요한 단순한 연료가 아니다. 그것은 즐기는 것이다. 음식은 몸에도 좋고 맛있으며, 우리를 기쁨으로 가득 채워준다. 우리가 먹는 것을 그토록 사랑하는 것은 당연한 일이다!

하지만 성경은 우리에게 음식의 다른 면에 대해 상기시켜준다. 음식은 실제로 우리의 영혼이 가장 갈망하는 것을 가리키는 신호에 불과하다. 그것은 바로 하나님 안에 있는 기쁨과 위로와 만족이다. 성경은 종종 먹고 마시는 것을 언급한다. 예수님은 "의에 주리고 목마른 자는 복이 있나니 그들이 배부를 것임이요"(마 5:6)라고 말씀하셨다. 시편 기자는 마르고 황폐한 땅에서 물을 찾듯이 하나님을 갈망했다(시 63:1).

음식은 몸에 좋고 맛도 있지만, 우리의 위에 필요한 것만 아니라 우리의 영혼에 필요한 것이 그리스도 안에서 채워져야 함을 우리에게 알려준다. 주님만이 생명의 떡이시며, 그분의 말씀이 우리를 지탱하고 강하게 해준다. 주님은 우리의 가장 깊은 갈증을 해소해주는 생명수이시다.

다른 좋은 것들과 마찬가지로, 음식은 하나님의 대용물이 될 수 있다. 즉, 우리는 오직 하나님만이 주실 수 있는 위로와 기쁨, 또는 만족을 먹는 것이나 마시는 것에서 찾으려 할 수 있다. 음식은 필수적인 것이다. 좋은 것이다. 하지만 우리가 위로나 만족을 얻기 위해 음식에 의존하고 싶은 마음이 들 때는 하나님께서 단지 우리의 배를 채워주시는 것보다 훨씬 더 많은 일을 하기 원하신다는 것을 기억하라. 그분은 우리의 영혼에 연료를 공급해주기 원하신다. *Ruth*

"하나님, 하나님은 제 영혼의 갈망입니다.

저를 향한 하나님의 사랑의 깊이를 경험하며 하나님을 더 많이 알기 원합니다.

제가 음식을 먹을 때마다, 제 가장 깊은 열망이 단지 배를 채워주는 음식이 아니라

제 영혼을 위한 연료에 있음을 기억하게 해주세요.

오직 하나님만이 저에게 만족을 주실 수 있습니다.

예수님의 이름으로 기도합니다. 아멘."

* 당신이 식욕을 통제하는 대신 식욕의 통제를 받은 적이 있는가?

* 어떤 식으로, 어떤 상황에서 당신의 영혼이 하나님을 갈망하는가?

37

응답을 질투하다

"너는 내게 부르짖으라 내가 네게 응답하겠고
네가 알지 못하는 크고 은밀한 일을 네게 보이리라."

예레미야서 33:3

당신은 다른 사람의 기도에 대한 하나님의 응답을 부러워하는가? 나는 노스캐롤라이나에 사는 우리 친구들이 집을 내놓은 지 불과 20일 만에 집을 팔게 되었다는 소식을 듣고 "정말 잘되었다!"라고 말하며 거의 목이 메었던 기억이 난다.

우리 친구들에게는 긴 20일이었다. 그들이 사는 지역에서는 보통 집들이 빨리 팔렸다. 그러나 그 당시 미시간 주는 경제 상황이 불안했기에 예전보다 더 오래 걸렸다. 사실 그들의 집을 내놓았다는 얘기를 들은 날, 남편과 나는 달력을 넘기며 우리 집을 팔려고 했을 때는 얼마나 걸렸는지 살펴보았다. 20일이 아니라, 정확히 20개월이었다.

나는 친구를 위해 진심으로 기뻐했지만, 한편으로는 약간 샘이 나기도 했다. 나는 이것을 응답에 대한 질투라고 부른다. 하나님이 다른 사람의 기도를 내 기도보다 빨리 응답해주실 때면 내 마음속에서 '자기 연민'이 슬그머니 생겨난다. 또는 하나님이 그들에게는 '긍정'의 응답을 주시면서 내 기도에는 '부정'의 응답을, 적어도 '지금은 아니다'라는 응답을 주시는 것 같을 때가 있다.

몇 년 동안 나는 응답에 대한 질투를 치료하는 일이 언제나 쉽지 않다는 것을 알게 되었다. 나 자신의 치유에 있어 내가 적극적인 역할을 해야 하기 때문이다.

나에게 필요한 것은 관점의 전환이었다. 오늘의 핵심 구절에서 권하듯이, 내가 하나님께 부르짖을 때는 그분이 약속을 지키실 것을 믿어야 한다. 하나님은 내가 알지 못하는 '크고 은밀한 일'을 내게 보여주실 것이다. 때로는 그 일들이 내 요구에 대한 응답일 때도 있다. 하지만 그보다 더 자주, 그 크고 은밀한 일들이 무엇인지 아는가? 그것은 하나님이 내 본래 요구에 응답해주지 않으시는 것처럼 보이는 이유들이다!

따라서 단지 하나님께 "저희 집을 팔아주세요"라든가 "제 고통을 없애주세요", "제 아이를 바로잡아주세요"라고 간청하는 대신, 나 자신에게 몇 가지 질문을 할 필요가 있다. 바로 이런 질문들이다.

'만일 하나님이 나를 이 상황에서 바로 건져주셨다면 내가 결코 배우지 못했을 무언가를 내 창조주께서 나에게 가르쳐주려 하시는 건 아닌가?'

'하나님이 내 안에 인격의 어떤 면들을 성장시키려 하시는 건 아닌가?'

응답에 대한 질투를 치료하는 과정은 전자레인지처럼 빠른 완성을 주는 것이 아니라, 시간이 지나면서 구축되는 것이다.

우리는 하나님이 응답하실 것을 믿어야 한다. 하나님은 명백하게 수락과 거절, 또는 지금은 아니라고 말씀하실 것이다. 하나님은 우리의 기도에 응답하실 수 있고, 응답할 준비가 되어 있으시며, 기꺼이 응답하신다. 여기서 주목할 점은 하나님이 옳다고 생각하시는 대로 응답하신다는 것이며, 그 과정에서 우리가 하나님의 아들을 더욱 닮아가도록 성장시키신다는 것이다.

우리 집이 매매 완료되기까지는 거의 2년이 걸렸다. 그만큼 하나님의 대기실에 오래 머물러 있어야만 했다. 하지만 지금 나는 단지 내 기도에 대한 응답만을 구해선 안 되며, 응답을 주시는 분과 더 깊은 관계를 추구해야 한다는 것이 사실임을 안다. *Karen*

"사랑하는 하나님,

하나님의 완벽한 계획들, 완벽한 때, 완벽한 방법에 감사드립니다.

예수님의 이름으로 기도합니다. 아멘."

＊ 지금 '응답에 대한 질투'를 경험하고 있는가? 오늘의 말씀을 묵상하며 이 질문에 답해보라: "만일 하나님이 나를 이 상황에서 바로 건져주셨다면 내가 결코 배우지 못했을 무언가를 내 창조주께서 나에게 가르쳐주려 하시는 건 아닌가?"

38

일에서 의미를 발견하기

"하나님이 지으신 그 모든 것을 보시니 보시기에 심히 좋았더라
저녁이 되고 아침이 되니 이는 여섯째 날이니라."

창세기 1:31

당신의 일에서 기쁨과 의미를 발견하려고 애써본 적이 있는가? 결코 당신만 그런 것은 아니다! 약 75퍼센트의 사람들이 자기가 하는 일에서 행복을 느끼지 못하는 것으로 추정된다. 솔직히, 우리는 평일 또는 일주일 내내 불평하며 지내기가 더 쉽다. 하지만 이것이 정말로 일에 대한 하나님의 비전일까? 만일 하나님이 직장 안에서 우리를 위해 더 많은 것을 준비해두셨다면 어떨까? 학생, 엄마, 사역자 또는 자원봉사자의 일은 어떨까?

성경의 첫 장은 일하시는 하나님을 기록하고 있다. 창세기 1장과 2장은 하나님이 일하심으로 세상을 창조하신 행위를 묘사한다. 그분은 바쁘시다. 활동적이시다. 생산적이시다. 창의적이시다. 형태를 만드신다. 그것만으로 충분치 않다면, 창세기 1장 31절을 보라. 여기서 하나님이 그분의 일에서 큰 기쁨을 얻는다고 말씀하신다. 우리는 하나님이 하셔야 할 모든 일에 대해 불평하시는 모습이나 무질서와 혼돈의 불편함에 대해 불만을 표하시는 모습을 볼 수 없다! 하나님은 실제로 일에서 큰 기쁨을 얻으셨다. 하나님이 일하시기 때문에 일에 관해서는 본질적으로 선하고 중요하고 의미 있는 무언가가 있다.

성경은 거기서 멈추지 않는다. 우리는 하나님이 일하실 뿐만 아니라 우리를 일하도록 창조하셨다는 이야기를 듣는다. 실제로 죄가 세상에 들어오기 전부터 일이 존재했다. 일은 본래 하나님의 선한 피조 세계의 한 부분이었다. 창세기 1장 26절은 우리가 하나님의 '형상'과 '모양'대로 만들어졌다고 말한다. 하나님이 일하시기 때문에 우리도 일한다. 우리가 생계를 위해 무슨 일을 하든지, 일은 예배의 행위가 될 수 있다.

일은 단지 우리를 위해 존재하지 않는다. 하나님은 우리가 충분히 열심히 일할 뿐만 아니라 우리의 일을 통해 하나님과 다른 사람들을 사랑하라는 소명에 헌신하기 원하신다. 일은 우리가 재산이나 자존감을 얻을 수 있는 기회일 뿐 아니라, 궁극적으로 하나님이 우리에게 주신 은사와 자원과 에너지로 하나님을 섬기고 다른 사람들을 섬기는 것이다.

당신에게 일이 이런 의미와 목적이 가득한 것임을 상기시켜줄 것이 필요한가? 모든 행위, 모든 일은 아무리 작거나 중요하지 않아 보여도 하나님께 중요한 것이다. 또한 당신의 일은 당신 안에서, 당신을 통해 일하시는 하나님에 대한 예배의 행위가 될 수 있다. *Ruth*

"아버지, 아버지는 창조의 왕이십니다.

아버지는 선한 피조 세계 안에서 온전히 일하고 계십니다.

제가 하는 모든 일을 아버지에 대한 예배의 행위로 여기도록 저를 가르쳐주세요.

제 일의 큰 가치와 목적을 잊지 않게 해주세요.

제 일이 하나님을 사랑하고 다른 사람들을 섬기는 수단이 되게 해주세요.

예수님의 이름으로 기도합니다. 아멘."

＊ 일에 대한 당신의 태도와 이해를 묘사해보라.

_____

_____

_____

_____

_____

_____

_____

＊ 당신의 일은 어떤 식으로 예배의 행위가 될 수 있을까?

_____

_____

_____

_____

_____

_____

39

세상을 바꾼 도시락

"제자 중 하나 곧 시몬 베드로의 형제 안드레가 예수께 여짜오되

여기 한 아이가 있어 보리떡 다섯 개와 물고기 두 마리를 가지고 있나이다

그러나 그것이 이 많은 사람에게 얼마나 되겠사옵나이까."

요한복음 6:8,9

간단한 점심 도시락이 세상을 바꿀 수 있을까? 장소는 갈릴리 바닷가 근처의
산등성이었다. 예수님은 한창 바쁘게 사역하는 중이셨다. 예수님을 잠깐이라
도 보려고 많은 사람들이 모여들었다.

우리는 요한복음 6장 5-7절에서 이 장면을 본다.

"예수께서 눈을 들어 큰 무리가 자기에게로 오는 것을 보시고 빌립에게 이
르시되 우리가 어디서 떡을 사서 이 사람들을 먹이겠느냐 하시니 이렇게 말씀
하심은 친히 어떻게 하실지를 아시고 빌립을 시험하고자 하심이라 빌립이 대
답하되 각 사람으로 조금씩 받게 할지라도 이백 데나리온의 떡이 부족하리이
다."

그저 많은 무리가 아니라 배고픈 무리가 모였다. 또한 그들은 예수님이 그

들에게 먹을 것을 주시길 기대하고 있었다. 빌립은 재빨리 수를 계산하기 시작했고, 산 위에서의 즉석 피크닉은 불가능하다는 결론을 내렸다. 하지만 빌립에게는 불가능하게 보였던 이 일이 곧 하나님의 능력을 나타내는 영광스러운 일이 되었다.

다른 제자, 안드레가 말하기 시작했다. 그는 한 아이에게 보리떡 다섯 개와 작은 물고기 두 마리가 있다고 예수께 말씀드렸다. 대단한 점심은 아니었으나, 그것은 예수님에게 충분하고도 남았다.

이 익숙한 성경 이야기에서는 종종 자기가 가진 것을 나눈 아이에게 초점이 맞춰진다. 하지만 이 아이가 그 음식을 어디서 가져왔을지 생각해본 적이 있는가? 그 아이는 많은 성경학자들이 추측하듯이 가족의 심부름으로 시장에서 물고기와 떡을 샀던 것일까? 아니면 언젠가 어느 목사가 말했던 것처럼 이것은 그날 그 아이가 먹을 양식, 즉 그 아이의 어머니가 사랑으로 싸주신 점심 도시락이었는지도 모른다.

이 아이는 단지 예수님이 다른 사람들을 먹이시기 위해 필요했던 양식만 갖고 있었던 것이 아니다. 아이는 또한 겸손한 마음과 관대한 마음을 가지고 있었다. 또한 누군가가 아이에게 그렇게 할 수 있는 권한을 부여해주었기 때문에 나눌 수 있었다. 어쩌면 그 아이의 엄마는 단지 점심 도시락만 싸준 것이 아니라 예의를 가르쳐주었을 것이다. 결국 그로 인해 많은 사람들이 음식을 먹게 되었다.

많은 사람들이 당신의 도움을 받을 수 있다. 당신이 특정 선교회나 노숙자 쉼터에 기부를 하기로 결정하든, 재정적으로나 당신의 시간을 들여 헌신을 하든 간에, 당신을 필요로 하는 다른 사람들이 있다. 이 사람들은 자기들을 도와줄 누군가를 기다리고 있고, 또 나중에 그들이 다른 사람들을 도우러 갈 수 있다. 그러나 이 영혼들이 이렇게 할 수 있으려면, 먼저 채움을 받아야 한다. 그들에겐 그들의 영적인 점심 도시락이 필요하다.

다른 사람들을 위해 기도하고, 성경 말씀으로 그들을 권면하거나 함께 성경을 공부함으로써 다른 영혼들이 영적으로 채워지도록 돕는 일은 그들의 삶을 변화시킬 뿐만 아니라, 당신의 삶을 변화시키는 데도 도움이 될 수 있다. *Karen*

"아버지, 제가 다른 사람들에게 후히 나눠주고,

그래서 그들이 그들의 세상을 변화시킬 수 있기를 원합니다.

예수님의 이름으로 기도합니다. 아멘."

* 하나님께서 어떻게 다른 사람을 영적으로 먹이는 일을 도우라고 당신에게 말씀하시는가?

40

방어하려는 충동을 뿌리치라

"너희가 이방인 중에서 행실을 선하게 가져

너희를 악행한다고 비방하는 자들로 하여금

너희 선한 일을 보고 오시는 날에

하나님께 영광을 돌리게 하려 함이라."

베드로전서 2:12

우리 가족은 남편이 목사로 섬겨왔던 교회에서 다른 교회로 옮겨가는 중이었다. 어디서든 변화는 어려운 일이다. 그래서 우리는 많은 사람들이 느끼는 여러 가지 복합적인 감정을 이해했다. 하지만 많은 사람들이 그 변화에 대해 정확하지도 않은 말들을 하는 것에 대해서는 대처할 준비가 되어 있지 않았다.

누구나 사람들의 말로 인한 상처를 경험해보았을 것이다. 인생을 살다 보면 필연적으로 우리를 사랑하는 사람들, 우리에게 무관심한 사람들, 그리고 당연히 우리를 그저 좋아하지 않는 사람들이 있게 마련이다! 그러나 사람들이 당신을 욕하거나 당신에 대해 전혀 사실이 아닌 말들을 할 때 당신은 어떻게 하는가? 성경은 이에 대해 놀라운 대답을 해준다. 당신의 삶이 당신의 가장 훌륭한 주장이 되게 하라는 것이다.

물론 당신에게 잘못하거나 당신에 대해 잘못 말한 사람에게 사랑으로 온화하게 다가가야 할 때가 있다. 우리는 가능하면 겸손하게 평화를 추구해야 한다. 하지만 받은 만큼 갚아주고, 정의를 요구하고, 심지어 우리 자신을 변호하려는 욕구를 거부해야 하는 때가 분명히 있다.

베드로전서 2장 21절에서 베드로는 부당하게 고난당한 이의 가장 좋은 예로 예수님을 들었다. 베드로는 우리의 가장 훌륭한 변호사가 바로 우리의 삶임을 상기시켜주었다. 사람들이 우리를 거짓으로 비난할 때에도 '선한 삶'을 살라. 때가 되면 우리의 행실로 인해, 즉 우리 삶의 증거들로 인해 그들도 알게될 것이다. 베드로는 예수님이 되갚아주려 하지 않으셨다고 했다. 그분은 못마땅해하시거나, 억울해하시거나, 복수심에 불타지 않으셨다. 대신 "오직 공의로 심판하시는 이에게 부탁하셨다"(벧전 2:23). 예수님은 오직 하나님만이 온전히, 정확하게, 공의로 심판하시는 분임을 알고 하나님 아버지의 손에 자신의 생명을 맡기셨다.

사람들의 인정은 오락가락할 것이다. 그러나 우리가 그리스도 안에 있으면 우리에 대한 하나님의 인정은 결코 변하지 않는다.

사람들의 인정이나 반대에 좌우되지 말라. 당신은 자신을 방어할 필요가 없다. 당신을 사랑하시고 당신에 대한 모든 사실을 알고 있는 아버지가 계시기 때문이다. 당신의 삶이 당신의 가장 큰 주장이 되게 하라! *Ruth*

"아버지, 저를 사랑해주시고 그리스도 안에서 저를 받아주셔서 감사합니다.

하나님의 인정은 결코 변하지 않는다는 것을 기억하게 해주세요.

저 자신을 방어하려는 충동을 거부하도록 도와주세요.

공의로 심판하시는 주께 제 자신을 맡깁니다.

하나님이 저를 위해 싸우시며, 결국 하나님의 인정이 가장 중요하다는 것을 압니다.

예수님의 이름으로 기도합니다. 아멘."

* 당신 자신을 방어하는 것이 적절한 때는 언제인가?

* 공의로 심판하시는 분께 당신의 삶을 맡기는 것이 왜 중요한가?

41

기도를 배우다

"예수께서 한 곳에서 기도하시고 마치시매 제자 중 하나가 여짜오되

주여 요한이 자기 제자들에게 기도를 가르친 것과 같이

우리에게도 가르쳐 주옵소서."

누가복음 11:1

나는 십대들의 그룹과 함께 교회 잔디밭에 책상다리를 하고 앉아 따뜻한 여름 햇볕을 쬐고 있었다. 여학생 한 명이 한 개발도상국가에서 선교여행을 마치고 돌아온 터라, 나는 그녀의 이야기를 듣고 싶어 견딜 수가 없었다.

"자, 레니, 네 여행에 대해 이야기해줘. 네 생각에 가장 기억에 남을 한 가지는 뭐니?"

내가 물었다.

나는 그녀의 대답이 사랑스러운 미소로 그녀의 마음을 사로잡은 한 아이와 관련이 있을 거라고 상상했다. 또는 그녀가 그곳에서 참석했던 예배 중에서 우리 교회의 예배와 아주 달랐던 한 예배에 대한 것이리라 생각했다. 그런데 이런 추측들은 다 틀렸다.

"아, 그거요?"

레니가 대답했다.

"이번 여행에서 저는 우리 문화에서 자신의 기도에 응답하기가 얼마나 쉬운지를 배웠어요. 그건 영원히 잊지 못할 거예요."

그녀의 말에 나는 잠시 동안 정신이 멍해졌다. 그러나 내가 말문을 열어 그녀에게 더 설명해달라고 하기도 전에, 그녀가 이야기를 계속했다.

"아시다시피, 여기 미국에서는 우리가 머리를 숙이고 하나님께 감사 기도를 드리면서 '오늘 우리에게 일용할 양식을 주옵소서'라고 기도해요. 그러고는 어떻게 하죠? 얼른 우리 차에 올라타 식료품 가게로 달려가서 빵을 한두 개 사지요. 우리는 하나님께 안전하고 따뜻하게 지켜달라고 기도합니다. 그리고 부모들은 아이들에게 가장 좋은 카시트를 사주고, 춥다고 느낄 때마다 보일러를 켜주지요. 우리 문화에서는 우리 자신의 기도에 응답하기가 그렇게 쉬워요. 하지만 제가 여행에서 만난 사람들은요? 그들은 당장 그날 밤 가족을 먹일 음식이 충분할지 모르는 상황에서, 하나님께 일용할 양식을 달라고 기도합니다. 그들은 항상 스스로 공급할 수 없는 것들을 하나님께 구합니다."

나는 전에 이런 생각을 해본 적이 없었다. 그래서 그때 두 가지 생각이 떠올랐다.

첫째, 다른 사람의 기도 응답을 돕기 위해 나에게 풍족한 것을 사용하고 싶다.

둘째, 오직 하나님만이 주실 수 있는 것들을 구하며 담대한 기도를 드리는 법을 배워야 한다. 그것이 하나님의 뜻에 부합된다면.

오늘의 핵심 구절인 누가복음 11장 말씀은 내 기도 생활에 변화를 가져야 한다고 생각하는 사람이 나만이 아닐 거라는 희망을 준다. 누가복음 11장 1절은 제자들도 기도하는 법을 배우는 데 도움을 받기 원했다는 것을 알려준다.

이 영적으로 민감한 십대와 나눈 짧은 대화는 나를 변화시켰다. 내 도움이 필요한 자들에게 주의를 기울이도록 도와달라는 기도뿐만 아니라, 내가 스스로 응답할 수 없는 담대한 요청들을 하도록 도와달라는 기도를 내 기도에 포함시키기 시작했다. 그 다음에는, 믿음으로 물러서서 하나님이 하시는 일을 보게 해달라고 기도했다.

당신은 어떠한가? 당신의 기도 제목들은 당신 자신을 빼버려도 괜찮은 것들로 가득한가? 어쩌면 지금 당신도 이렇게 기도하기 시작했을지 모르겠다.

"하나님, 저에게 기도를 가르쳐주소서." *Karen*

> "아버지, 제가 좀 더 담대하게 기도하도록 가르쳐주세요.
> 제 힘으로는 응답할 수 없고 오직 주님의 능력을 통해서만 일어날 수 있는,
> 좀 더 확신에 찬 기도를 드리도록 도와주세요.
> 예수님의 이름으로 기도합니다. 아멘."

＊ 당신이 드리려다 포기했던 기도, 그 기도의 응답에는 하나님의 초자연적인 능력이 필요하기에 기도하기가 불편했던 담대한 기도는 없었는가?

_____

_____

_____

_____

42

하나님이 몸을 굽히신다

"내게 귀를 기울여 속히 건지시고
내게 견고한 바위와 구원하는 산성이 되소서."

시편 31:2

근처 카페에서 친구를 기다리며 앉아 있는데, 딱 봐도 불만스러워 보이는 한 여자의 대화를 우연히 듣게 되었다. 그녀는 20대 후반이나 30대 초반으로 보이는 젊은 여자로, 전문직을 가진 여성 같았다. 그녀는 친구에게 자신의 직속 상관과의 만남을 묘사하고 있었다. 그는 거의 20분 동안 휴대폰에서 눈을 떼지 않은 채 질문에 대답하고, 동시에 여러 가지 일을 처리하면서 그녀의 말을 반만 듣고 있었다고 했다.

나는 그녀가 왜 그렇게 화가 났는지 알 수 있었다! 자기 말을 반만 듣는 것을 좋아할 사람이 누가 있는가? 하지만 사실 우리도 정도의 차이는 있겠지만, 그렇게 한 적이 있을 것이다. 우리는 너무 많은 일을 동시에 하려고 한다. 그래서 동료, 친구, 남편, 또는 자녀들의 말을 반만 듣는다. 우리는 그 자리에 있기는 하지만 온전히 있는 것이 아니다.

우리는 모두 이런 식의 청취를 주고받는 입장이 다 되어보았겠지만, 우리가 확신할 수 있는 한 가지는 하나님께서 우리의 말을 이런 식으로 듣지 않으신다는 것이다. 하나님은 결코 주의가 산만해지거나 짜증을 내지 않으신다. 그분은 온전히 주의를 기울이시고, 온전히 집중하시며, 신실하게 응답해주신다.

시편 기자는 하나님이 우리를 얼마나 사랑하시고 우리의 말을 경청하기 원하시는지를 아름답게 묘사한다. 그는 "내게 귀를 기울여 속히 건지시고 내게 견고한 바위와 구원하는 산성이 되소서"라고 기록했다(시 31:2). '귀를 기울여'라고 번역된 단어는 또한 '머리 숙여 듣고'라고도 번역될 수 있다. 이렇게 생각하면 깜짝 놀라게 된다. 왕의 왕, 모든 피조물의 주께서 우리에게 귀를 기울이기 위해 몸을 굽히신다고 상상해보라. 그분은 멀리서 듣지 않으신다. 우리의 말을 들으시기 위해 몸을 굽히고, 가까이 오셔서 귀를 기울이신다. 주님은 친밀하시고 자비로우시며 주님의 뜻에 따라 신실하게 응답하신다.

하나님은 우리에게 경청하심으로써 우리를 사랑하신다. 우리가 그분이 멀리 계신 것처럼 느낄 때에도, 사실은 그렇지 않다. 그분은 종종 우리가 볼 수 없는 방식으로 임재하시고, 신실하시며, 그분의 목적과 약속들을 이루신다.

그러니 그분께 부르짖으라. 그분께 구하는 것을 멈추지 말라. 믿음과 끈기로, 당신에게 귀 기울임으로써 당신을 사랑하시는 하나님을 가까이하라. *Ruth*

"아버지, 아버지께서 저에게 믿음과 끈기로

나아오라고 하시는 것을 압니다.

아버지께서 어떻게 존재하시고, 활동하시며,

저를 측은히 여기시는지 생각하게 해주세요.

저에게 귀를 기울임으로 저를 사랑해주셔서 감사합니다.

예수님의 이름으로 기도합니다. 아멘."

* 당신이 하나님께 귀 기울이는 시간을 가질 때 당신 안에서 하나님이 역사하시는 것을
  어떻게 보았는가?

* 하나님이 당신의 말을 듣기 위해 몸을 굽혀 귀를 기울이신다는 묘사에서 당신에게 가장
  힘이 되는 모습은 무엇인가?

43

마음의 균열을 막는 법

"이르시되 너희는 따로 한적한 곳에 가서 잠깐 쉬어라 하시니

이는 오고 가는 사람이 많아 음식 먹을 겨를도 없음이라."

마가복음 6:31

"제 차에는 꿀을 넣고 싶어요! 레몬 조각도! 아, 증조할머니의 찻잔을 사용해도 될까요? 제발요. 조심할게요."

딸아이와 즐겁게 지내고 있을 때, 당시 다섯 살이었던 딸이 사랑스럽게 물었다. 그 아이의 두 남동생이 낮잠을 자는 동안, 우리는 내 찻잔과 받침 접시를 꺼내 허벌 티를 마셨고, 나는 큰소리로 아이에게 책을 읽어주었다.

그날 오후, 딸아이는 우리 어머니 집안에서 4대째 전해 내려오는 가보를 사용하게 해달라고 부탁하는 중이었다. 나는 어린 딸이 작은 손으로 그 오래된 핑크색과 흰색 도자기를 조심스럽게 다룰 거라는 걸 알았지만, 다른 이유로 아이의 요청을 거절했다. 나는 그 이유를 아이에게 설명하려 했다.

"얘야, 엄마는 네가 조심할 거란 걸 알지만 그 컵에는 뜨거운 차를 담을 수 없어. 그럼 깨지거든. 알겠지?"

나는 찻잔 옆면 손잡이 근처에 난 몇 개의 가느다란 금들을 보여주었다. 전체적으로 균열이 생긴 것이 아니기 때문에 사실상 물을 담아도 새지는 않았다. 하지만 뜨거운 액체를 그 안에 부으면 균열이 일어나 컵이 깨지고 말 것이다. 금이 생긴 찻잔은 뜨거운 음료의 스트레스를 견뎌낼 수 없다.

우리의 감정적인 삶도 그와 같다. 삶의 스트레스에서 벗어나 쉬면서 마음을 가다듬는 시간을 갖지 않으면 우리의 정신에 금이 가서 감정적으로나 영적으로 쉽게 무너지게 된다. 우리는 계속 정신없이 빠른 속도로 달려가며, 원기를 회복할 만큼 오랫동안 속도를 늦추는 일이 거의 없다.

마가복음 6장 31절은 예수님 자신도 잠시 동안 속도를 늦추고 활동을 중단하는 것이 중요하다는 걸 아셨다는 사실을 강조한다. 예수님은 제자들에게 조용한 곳으로 가자고 재촉하셨다. 그렇게 함으로 그들은 쉼을 얻을 것이다. 홀로 떨어져 예수님과 조용한 시간을 보내는 것은 그들의 지친 영을 회복시켜줄 것이다.

빠르게 움직이는 사회에서, 우리는 좀처럼 조용한 장소를 만들어 쉬면서 시간을 보내지 않는다. 그 결과 스트레스가 우리를 괴롭히고, 작은 균열을 만들며, 거의 보이지는 않지만 우리로 하여금 일상생활의 계속되는 압박을 받아 산산이 부서지게 할 수 있다.

그러므로 의도적으로 속도를 늦추고, 떠나고, 쉬는 시간을 갖도록 하자.

함께 조용한 곳으로 가자는 예수님의 부르심에 우리가 시간을 내어 응답한다면 우리의 영에 균열이 생기지 않게 하고, 그 영을 강하게 하며, 우리가 인생을 헤쳐 나갈 준비를 갖추게 할 수 있다. 예수님과 함께 보내는 짧은 순간들이 우리를 강하게 만드는 데 도움이 줄 것이고, 그로써 인생의 이 시기에 우리에게 주어진 하나님의 임무를 수행할 수 있을 만큼 강해질 것이다. *Karen*

"사랑하는 하나님, 제가 의지를 가지고
조용한 곳에서 주님과 다시 교제하는 시간을 갖도록 도와주세요.
주님이 기다리고 계신 것을 압니다.
주님의 얼굴을 구하고 참된 쉼을 발견하기 원합니다.
예수님의 이름으로 기도합니다. 아멘."

＊ 당신의 삶 속에서 스트레스로 인한 균열을 발견할 수 있는가? 당신의 스케줄 어느 부분에 속도를 늦추기 위한 공간을 만들어 넣을 수 있겠는가?

44

교활한 형태의 교만

"하나님은 교만한 자를 대적하시되

겸손한 자들에게는 은혜를 주시느니라."

베드로전서 5:5

베드로는 완곡하게 말하지 않았다. 있는 그대로 솔직히 말했다. 아마 그가 교만의 위험을 너무 잘 알았기 때문일 것이다. 그는 언제나 본의 아니게 제일 먼저 실언을 하는 제자였다! 그래서 나이가 든 베드로는 교만과 겸손의 주제에 대해 기록할 때 매우 분명하게 말했다.

"하나님은 교만한 자를 대적하시되"(벧전 5:5).

하나님은 오직 하나님께 돌아가야 할 영광을 우리가 슬쩍 가져가려는 연약한 시도들에 무관심하지 않으시다! 그분은 그것에 반대하신다. 그리고 다른 것을 원하신다. 그것은 우리에게 더 좋은 것이다. 그리고 하나님은 대신 겸손한 자에게 은혜를 주신다고 약속하신다. 하나님은 무엇 때문에 교만을 그토록 중요한 문제로 생각하시는 걸까?

첫째로, 교만은 단지 하나님으로부터 멀어지는 것만이 아니라 우리를 하나님보다 더 높이려 한다. 그것은 우리를 중심에 둔다. 자아에 사로잡혀 있을 때 우리는 종종 자기를 변호하고 자신을 부풀린다. 그런데 교만은 경쟁심이 강해서, 늘 다른 사람들보다 더 많이 갖거나 앞지르려고 한다.

우리는 종종 교만한 사람들을 자기 자신을 사랑하는 자들이라고 생각한다. 하지만 교활한 형태의 또 다른 교만이 있다는 것을 알고 있는가? 이 교만은 우리가 자신을 미워할 때, 우리의 마음속에서 나타날 수 있다. 자만과 자기혐오는 교만한 동전의 양면이다!

늘 자신을 비하하며, 스스로가 얼마나 형편없는지에 이야기하고, 신세를 한탄하며, 자신을 조롱함으로써 확신이나 긍정의 말을 듣고자 할 때 우리는 여전히 우리 자신을 중심에 두는 것이다.

교만은 우리 영혼을 평온케 하지 못하나, 겸손은 그렇게 할 수 있다. 겸손한 마음은 하나님을 사랑하고 다른 사람들을 사랑하는 일에 집중한다. 겸손은 다른 사람들을 더 많이 생각하고 자신에 대해 덜 생각한다. 이것이 예수님이 우리를 사랑하신 방법이다.

오늘 당신 자신에게서 초점을 옮기게 해달라고 하나님께 구하라. 다른 사람들을 더 많이 사랑하고 겸손한 마음을 갖기 위해 필요한 은혜를 달라고 구하라. *Ruth*

"아버지, 아버지만이 중심에 계실 자격이 있습니다.

저 자신보다 다른 사람들에게 더 초점을 두도록 저를 가르쳐주세요.

제 안에 자만하지도 않고 자신을 혐오하지도 않는 마음을 창조해주세요.

주님이 저를 향해 다가오신 동일한 방법으로 다른 사람들에게 다가가도록,

즉 사랑과 은혜와 겸손으로 다가가도록 도와주세요.

예수님의 이름으로 기도합니다. 아멘."

＊ 당신의 삶 속에서 자기혐오는 주로 어떤 식으로 나타나는가?

＊ 당신이 '겸손으로 허리를 동일' 수 있는 한 가지 방법을 찾아보자(벧전 5:5).

45

누구에게나 문제는 있다

"노하기를 더디 하는 것이 사람의 슬기요
허물을 용서하는 것이 자기의 영광이니라."

잠언 19:11

남편의 행동에 대한 내 극심한 짜증은 겉으로 드러나지 않았다. 시어머니가 우리 차 뒷좌석에 앉아 계셨기 때문에, 나는 평정을 유지하려고 애를 쓰면서 몰래 남편을 슬쩍슬쩍 노려보았다. 그가 방금 한 짓이 얼마나 마음에 안 들었는지를 정확하게 전달하는 눈빛으로.

그의 큰 잘못은, 차선을 바꿀 때 깜빡이를 켜지 않은 거였다. 이날 우리는 시어머니의 병원 예약이 있어 모셔다드리는 길이었다. 병원에 도착하여 대기실에 앉아 있는데, 내 마음에 들지 않아 짜증이 났던 남편의 행동들이 하나씩 생각나기 시작했다. 각각의 시나리오가 떠오를 때마다 나는 점점 더 짜증이 났다.

내 맞은편에는 수다스러운 할머니가 앉아 계셨다. 그 할머니는 곧 닥칠 악천후에 대해 불안해하고 초조해하는 사람들에 대해 이야기하면서, 그들이 한 가지 중요한 사실을 기억해야 한다고 말했다. 즉, "누구에게나 문제는 있다"라는 것이다.

나는 그녀에게 방금 한 말이 무슨 뜻이냐고 물었다. 그녀는 자세히 설명해주었다.

"그러니까, 우리가 캔자스에 살 때는 황사와 토네이도가 있었어요. 그리고 몇 년 동안은 남 플로리다에 살았는데, 그때 우리는 허리케인에 대비해야만 했죠. 그리고 캘리포니아에 머물 땐, 아, 그 해에 얼마나 가뭄이 심했는지 몰라요."

그리고 재차 말했다.

"내가 말했잖아요. 누구에게나 문제는 있다니까."

대기실 친구의 이 논평은 그날 나를 영적으로 정신이 번쩍 들게 해주었다. 왜 나는 내 남편의 성격적인 면들에 대해 그렇게 쉽게 짜증을 낼까? 분명 나도 똑같이 남편을 미치게 하는 행동을 하는데!

"누구에게나 문제는 있다."

즉, 다른 사람들을 황폐하게 하고, 약간 짜증을 내거나 아예 크게 화를 내도록 유도하는 어떤 행동, 별난 점, 관행, 습관들이 있다.

오늘의 핵심 구절은 "노하기를 더디 하는 것이 사람의 슬기요 허물을 용서하는 것이 자기의 영광이니라"(잠 19:11)라고 말한다. 본래 히브리어로 '영광'이라는 단어는 '아름다움', '명예', '화려함', '치장'을 의미한다. 본질적으로 허물을 눈감아주는 인내는 우리를 참된 아름다움으로 단장해주고, 다른 사람을 명예롭게 해준다.

당신의 삶에서 때로 당신의 신경을 건드리거나 짜증나게 하는 사람이 있는가? 그렇다면 새로운 접근을 시도해보면 어떨까? 즉, 흥분하지 않고 냉정을 유지하는 것이다. 말을 하지 말라. 대신 미소를 짓고, 그 사람의 기이한 점에도 불구하고 사랑하라.

명심하라. 누구에게나 문제는 있다. *Karen*

"아버지, 제가 사랑하는 이들의 이상한 점이나

더 큰 실수를 보더라도 바로 화를 내지 않는 법을 배우게 해주세요.

주께서 저를 얼마나 많이 용서해주셨는지 기억하며

다른 이들의 허물을 용서하게 해주세요.

예수님의 이름으로 기도합니다. 아멘."

* 때로 당신의 신경을 건드리는 행동을 하는 사람은 누구인가? 당신은 그들의 잘못을 어떻게 용서할 수 있을까?

46

하나님과 함께하기

"지존자의 은밀한 곳에 거주하며
전능자의 그늘 아래에 사는 자여."

시편 91:1

예수님 안에서 우리에게 오시는 하나님의 신비와 아름다움은 그분이 우리와 함께하시고 우리를 위하시는 하나님이라는 사실이다. 그러나 하나님은 우리를 지금 모습 그대로 두시기 위해 우리에게 가까이 오시는 것이 아니다. 하나님은 우리에게 오셔서 우리를 부르시고, 은혜로 우리를 내면에서부터 변화시켜주신다. 우리와 함께하시고 우리를 위하시는 하나님이 우리에게 어려운 질문을 하신다. 바로 "너는 나와 함께 있느냐?"라는 것이다.

나는 구약성경의 여호수아서에서 이 주제를 처음 주목했다. 그것은 모세의 후계자, 여호수아가 이스라엘 백성을 이끌고 약속의 땅으로 들어가는 내용을 기록한 책이다. 그들은 그 땅에 들어가 여리고에 이르렀다. 익히 아는 대로, 그 곳은 그들이 그 주변을 일곱 번 돌면 무너질 성이었다! 그러나 그들이 그 성에 들어가 하나님의 약속이 성취되는 것을 목도하기 위한 첫 걸음을 떼기 전에,

하나님은 그들의 충성심이 어디에 있는지에 대해 생각해보기 원하셨다.

그 성으로 가는 길에, 여호수아는 칼을 빼 든 정체불명의 사람을 만났다. 하나님의 군대에 속한 천사인 듯했다. 여호수아는 궁금해서 "너는 우리를 위하느냐 우리의 적들을 위하느냐?"(수 5:13)라고 물었다. 이에 여호와의 군대 대장은 이상하지만 중요한 대답을 했다. 그는 단순하게 "아니라"(14절)라고 말했다.

당신은 여호수아가 의아해하는 모습을 상상해볼 수 있을 것이다.

'아니라고?'

정확히 그가 기대하거나 바라던 답은 아니었다. 하지만 이 대답으로, 하나님은 이 싸움이 하나님의 싸움이라는 것을 이스라엘 백성이 알기 원하셨다. 하나님은 그들보다 앞서가고 계셨다. 하나님은 그들과 함께하실 것이다. 하나님은 그들이 하나님과 함께 있는 것이 중요하다는 것을 알기 원하셨고, 지금도 그러하시다.

우리의 태도, 행동, 열망들은 우리가 정말로 하나님과 함께 있음을 나타내는가? 하나님의 도우심으로 우리의 삶이 계속 정제되고 있는가?

하나님이 중심이시다. 우리는 그분을 섬긴다. 그분은 우리를 사랑하시기에 우리의 인도자가 되기 원하신다.

오늘 당신이 어떤 일에 직면해 있든, 하나님이 당신과 함께 계신 것을 알라. 그분의 사랑은 안전하고, 그분의 연민은 끝이 없다. 하나님은 결코 당신을 떠나거나 버리지 않으실 것이다. 오늘 스스로에게 이런 도전적인 질문들을 던져보라. 나는 단지 하나님이 나와 함께 계시고, 나를 위하시며, 내가 구하는 대로 행하시기 원하는가? 아니면 내가 하나님과 함께 있고, 하나님이 어디로 이끄

시든 내가 그분을 사랑하고 순종하고자 하는가? *Ruth*

"하나님, 하나님의 길과 뜻은 선하고, 기쁨을 주며, 완전합니다.

하나님이 저와 함께 계심을 압니다.

하나님은 그 아들 예수님의 일을 통해 저를 구원하셨습니다.

그러나 하나님은 제가 하나님을 사랑하고 순종하며 하나님과 함께하기를 원하십니다.

하나님의 뜻을 제 삶의 중심에 두도록 도와주세요.

예수님의 이름으로 기도합니다. 아멘."

* 당신은 자신이 하나님과 함께 있는지 묻는 대신, 하나님께 당신과 함께해달라고 간구한

적이 있는가?

* 주기적으로 당신 자신에게 이 질문을 하는 것이 중요한 이유는 무엇인가?

47

울타리가 아니라 다리를 건설하라

"우리가 이 계명을 주께 받았나니

하나님을 사랑하는 자는 또한 그 형제를 사랑할지니라."

요한일서 4:21

"잠깐만요, 혹시 제가 하나님께 순종하고 있지 않다고 말하려고 전화하신 거라면 정중하게 끊겠습니다. 아시겠죠?"

전화기 저편에서 들려오는 목소리는 새로 사귄 교회 친구의 목소리였다. 그녀와 그녀의 남편은 기도하는 가운데, 홈스쿨링을 하던 두 아이를 근처 공립 초등학교에 보내기로 결정했다. 그날 아침, 즉 아이들을 학교에 보낸 첫날에 그녀는 이미 다른 이들로부터 두 통의 전화를 받았다. 바로 그녀 가족의 결정에 대해 묻는 전화였다.

나는 내 친구에게 훈계를 하려고 전화한 것이 아니었다. 그럴 마음이 전혀 없었다! 우리 집은 그 아이들의 학교에서 길 하나만 건너면 오는 위치였기에, 만약 아이 중 한 명이 아프거나 다쳤는데 그녀가 올 수 없는 경우 나를 비상 연락처로 적어내라고 말하려는 거였다.

나는 계속해서 이렇게 말했다.

"그리고 지금 아이들이 쉬는 시간에 나와서 정글짐에 올라가 놀고 있는 게 보이네요. 둘 다 아주 신나 보이는 데요. 이 얘길 들으면 마음이 놓일 것 같았어요."

내 친구는 처음에 보인 반응에 대해 사과했고, 그 다음에는 울음을 터뜨렸다.

학교 교육에 대한 선택은 사람들을 갈라놓을 수 있다. 정치도 그렇고, 교회의 교단에 대한 선택, 또는 패스트푸드를 즐겨 먹다가 유기농 식품만 먹기로 하는 것 같은 라이프 스타일에 대한 결정들도 그렇다. 다양한 결정들은 많은 분열로 이어질 수 있다.

오늘의 말씀은 그리스도를 따르는 자들이 서로를 어떻게 대해야 하는지에 대해 하나님으로부터 온 경고성 명령을 우리에게 전해준다.

"우리가 이 계명을 주께 받았나니 하나님을 사랑하는 자는 또한 그 형제를 사랑할지니라"(요일 4:21).

죄의 문제는 아니지만 당신과 다른 선택을 하는 동료 그리스도인을 사랑하는 것은 어떤 모습일까? 음, 나는 그것이 어떤 모습이 아닌지는 알고 있다. 즉, 비꼬고 비난하거나 뒤에서 수군거리는 것은 아니다. 그것은 전업주부에서 워킹맘으로 전환한 사람을 따돌리지 않는다. 또한 누군가가 소외감을 느끼게 만들려고 소셜 미디어에 비밀댓글 다는 것을 포함하지 않는다.

우리가 하나님을 사랑한다고 주장한다면, 또한 서로 사랑해야 한다.

삶은 선택들로 가득한 항해다. 기도하면서 친구의 선택을 지지해주는 것은 무조건적인 사랑을 표현하는 한 방법이다. 비슷한 상황에 있는 다른 여성들과 교류하는 것이 아이디어를 모으고 서로의 관점을 나누며 공감하는 데 중요할 수 있으나, 당신과 같은 결정을 하는 사람들과만 친구하려고 선택의 범위를 좁히지는 말라.

전화기를 들라. 연락을 하라. 철조망이 달린 울타리가 아니라, 사랑의 다리를 건설하라. 그렇게 할 때 당신은 하나님의 명령에 순종하는 것이고, 그분의 사랑을 나타내는 것이다. *Karen*

"아버지, 삶의 모습이 저와 같지 않은 사람들을 진심으로 사랑하고
실제적으로 그들을 지원해줄 수 있도록 저를 가르쳐주세요.
예수님의 이름으로 기도합니다. 아멘."

＊ 당신의 삶에서 당신을 향해 다리를 건설한 사람이 있는가? 그로 인해 당신은 어떤 감정을 느꼈는가? 당신이 다리를 건설해서 다가갈 필요가 있는 사람이 있는가?

48

괜찮다고 느끼지 않아도 괜찮다

"이는 내가 그 피곤한 심령을 상쾌하게 하며
모든 연약한 심령을 만족하게 하였음이라."

예레미야서 31:25

나는 모든 일이 한꺼번에 닥친 듯, 기운이 빠졌다. 그래서 친구에게 이렇게 말했다.

"솔직히 말할게. 난 녹초가 되었어. 너무 지쳐서 쉬어야 할 것 같아."

나보다 나이가 많고 지혜로운 친구는 부드럽게 대답했다.

"괜찮다고 느끼지 않아도 괜찮아. 하지만 거기에 오래 머물러 있지는 말자."

나도 그 상태에 머물러 있고 싶지는 않았다. 나는 위험할 정도로 에너지가 바닥난 상태로 달려 왔다. 몇 가지 프로젝트의 마감일이 다가오고 있었다. 몇 주째 이메일을 열어보지 못했다. 우리 아이들은 학교와 스포츠로 여기저기 다니느라 정신없었다. 좌우간 나에게는 그렇게 느낄 충분한 이유가 있었다!

나는 자기 방치의 고통스러운 결과를 느끼고 있었다. 지금은 어리석게 들리지만, 나는 나 자신을 위해 시간을 보내는 것에 거의 죄책감을 느꼈다. 나는 상태가 좋지 않았다. 하지만 정말로 잠시 쉬어도 괜찮은 걸까? 잠깐 떠나서 나 자신을 위해 무엇을 해도 될까?

답은 '그렇다!'이다. 그것은 괜찮을 뿐만 아니라, 반드시 우리 자신이 보살핌을 받게 해야 한다. 새 힘을 얻고 원기를 회복해야 한다. 하나님은 피곤한 자에게 힘을 주겠다고 약속하신다. 연약한 심령을 위한 소망이 있다. 괜찮다고 느끼지 않아도 괜찮다. 하지만 하나님은 우리보다 더, 우리가 그 상태에 머물러 있기를 원치 않으신다.

사실 우리에게 힘이 없을 때는 다른 사람들에게 거의 가치가 없다. 우리가 희생과 자기 방치의 사이클에 갇혀 있을 때는 하나님을 사랑하고 다른 사람들도 사랑하기가 거의 불가능하다. 우리는 감정적, 육체적, 영적으로 건강한 상태에서 살며 사랑할 때 가장 큰 힘을 발휘한다.

당신이 자기 방치, 활력 상실, 벼랑 끝에 몰린 느낌과 싸우고 있다면, 당신 자신을 보살피는 것에 대해 죄책감을 느끼지 말라. 하나님과 단 둘이 시간을 보내라. 몇몇 친구들과 함께 떠나라. 당신에게 가장 큰 활력을 주는 일을 하면서 시간을 보내라. 타임아웃을 요청하라! 도움을 청하라. 무슨 일이 있더라도, 당신만을 위한 시간을 가지라. 그렇게 할 때 당신은 하나님을 사랑하고 다른 사람들을 사랑하기에 훨씬 더 좋은 자리에 있게 된다. *Ruth*

"아버지, 오직 아버지만이 제 영혼을 만족시켜주십니다.

주님의 말씀이 저를 위로하고, 주님의 영이 제게 힘을 줍니다.

제가 연약하고 지쳐 있을 때 새 힘을 주세요.

제 한계를 알 수 있는 지혜를 주세요.

주님 안에서 쉬면서, 주님이 저를 사랑하시고, 다시 채워주세요.

가르쳐주시는 시간을 발견하도록 도와주세요.

예수님의 이름으로 기도합니다. 아멘."

* 당신 자신을 위한 시간을 갖기 위해 당신이 할 수 있는 일들은 무엇인가?

* 새로워지거나 원기가 회복되는 것을 느끼려면 어디에 도움을 청해야 하는가?

49

산들을 넘어가는 법

"나의 영혼아 잠잠히 하나님만 바라라

무릇 나의 소망이 그로부터 나오는도다

오직 그만이 나의 반석이시요 나의 구원이시요 나의 요새이시니

내가 흔들리지 아니하리로다."

시편 62:5,6

어떤 날엔 어디를 보나 산들만 보이는 것 같다. 개어서 정리해야 할 빨래 더미, 분류해야 할 서류들, 답해야 할 이메일, 설거지해야 할 그릇들. 내 삶 속에 있는 산들을 처리하는 일은 종종 나를 지치게 만든다. 그것은 또한 좌절감을 일으킨다. 내가 이 산들 중 하나를 처리하자마자 또 다른 산이 다시 모습을 드러내고, 내 얼굴을 빤히 쳐다보며 내게 패배를 남기기 때문이다. 당신도 그랬던 적이 있는가?

우리의 관계들에서도 감정적인 산들이 쌓이게 한다. 사람들과의 지속적인 상호작용과 때로 그들이 가져다주는 감정적 스트레스는 산에 오르는 것을 힘들게 만들 수 있다. 어쩌면 등산 스포츠에 대한 수업을 듣는 것이 우리의 트레

킹을 좀 덜 힘들게 하는 법에 대한 통찰을 줄 수 있다.

등산은 심약한 사람을 위한 것이 아니다. 육체적으로 매우 힘들 뿐만 아니라, 산을 오르는 사람의 몸 안에 변화를 일으킨다. 고도가 높은 곳에 올라갈수록 산소 농도는 낮아진다. 등반가가 주의를 기울여 조심하지 않으면 그 변화가 심각한 질환을 일으켜 병원에 입원을 해야 하거나 혹은 사망할 수도 있다.

이런 상황을 막기 위해, 숙련된 등반가들은 휴식 시간이 얼마나 중요한지 알고 있다. 단지 현재 고도에서 쉬는 시간을 갖기 위해 멈추는 것이 아니다. 등반가들은, 특히 밤에 자신들의 폐를 쉬게 하기 위해 그들이 올라갔던 고도보다 조금 낮은 고도로 후퇴한다. 이 전략은 '높이 올라갔다가 내려와서 잠자기'라고 불린다. 등반가들은 낮 동안에 그들이 안전하게 갈 수 있을 만큼 높이 올라갔다가 잠을 자기 위해 좀 더 낮은 곳으로 돌아온다.

이와 마찬가지로, 인생이라는 탐험은 심약한 사람을 위한 것이 아니다. 우리가 매일 높은 곳과 낮은 곳을 다니는 것이 우리의 폐에 부정적인 영향을 미치지는 않지만, 우리의 마음을 상하게 하고 육체적으로 지치게 할 수 있다. 오, 우리 몸을 쉬게 하고 우리 영혼에 양분을 공급하는 일은 얼마나 중요한가!

오늘의 성경 구절은 이를 완벽하게 보여준다. 우리가 하나님 안에서 쉬는 시간을 얻을 때, 즉 육체적인 휴식을 가지며 우리의 영을 가득 채울 때 삶의 도전들에 직면할 소망과 힘을 얻는다.

당신은 생기를 되찾고 연료를 다시 채우기 위해 멈추지 않고 인생의 산을 오르려 했는가? 어쩌면 지금이 '높이 올라갔다가 내려와서 잠자기' 전략을 채택해야 할 때인지도 모른다.

당신이 앞으로 나아가고 위로 올라갈 때, 하나님은 높은 곳에서 당신과 함께하실 것이다. 그리고 낮은 곳에서 당신을 회복시켜주실 것이다. 오늘, 당신의 영혼을 안정시키고 하나님과 만남을 가지라. *Karen*

"아버지, 제가 매주 홀로 하나님과 만나는 시간을 갖도록 도와주세요.

제가 쉼과 회복을 얻어서

하나님의 영광을 위한 삶의 산에 계속 오를 수 있게 해주세요.

예수님의 이름으로 기도합니다. 아멘."

* 휴식의 영역에서 당신 자신에게 몇 점을 주겠는가? 이번 주에 속도를 늦추고 홀로 구세주와 함께하는 시간을 만끽하기 위해 시간을 내보겠는가?

50

희생적인 사랑

"그가 우리를 위하여 목숨을 버리셨으니 우리가 이로써 사랑을 알고
우리도 형제들을 위하여 목숨을 버리는 것이 마땅하니라."

요한일서 3:16

내 친구는 최근에 한밤중에 잠이 깨어 약간 어리둥절했으나 하나님이 깨우신 이유가 있다는 걸 알았다고 했다. 그녀가 기도를 시작하자, 하나님께서 최근에 그녀가 사랑하고 온전히 받아들이기가 어려웠던 한 친구를 생각나게 해주셨다.

"그 친구에게 그녀도 내 딸이라고 이야기해주어라."

그녀는 하나님이 이렇게 말씀하시는 것을 느꼈다.

"내가 그녀를 사랑한다면 너도 사랑할 수 있다."

우리에게는 모두 이런 사람들이 있다. 그렇지 않은가? 우리가 좋아하는 사람들을 사랑하기는 쉽다. 하지만 진정한 사랑, 예수님이 증명해 보이신 사랑은 어떤 사람의 유익을 위해 당신의 생명을 내어주는 것이다. 그것은 선의다. 행동이다. 우리를 위한 것이 아니라 다른 사람을 위한 것이다. 사랑은 일하고,

섬기고, 참고, 격려하며, 용서한다. 모두 다른 사람이 성장하고 더 좋게 변화하는 것을 보기 위해서다. 그것은 우리가 관계에서 얻어내는 것이 아니며, 우리가 다른 누군가에게 하나님의 사랑을 보여주고 전해주는 것이다.

예수님이 우리를 이렇게 사랑하시지 않는가? 우리가 예수님을 사랑하는 것보다 훨씬 더 많이 예수님이 우리를 사랑하신다. 그분은 내어주고, 섬기고, 우리를 참아주신다. 우리의 유익을 위해 일하시며, 우리 안에서 이루어지는 성령의 역사로 나타나는 지속적인 변화를 보기 원하신다. 예수님의 사랑은 대가가 크다. 희생적이다. 종종 일방적이다. 예수님은 우리에게 다정하시고, 우리가 성장하며 그분 안에 뿌리를 내릴 여지를 주신다.

사랑하기 힘든 사람들을 사랑하는 것은 우리가 하나님의 사랑 안에서 살지 않는 한 불가능하다. 그렇지 않으면 우리는 항상 친구나 동료, 또는 가족이 우리를 똑같이 사랑해주기를 바랄 것이다. 하지만 우리가 우리의 사랑을 하나님으로부터 받고 있을 때는 하나님의 사랑이 우리에게 자유와 능력을 주어 다른 사람들을 조건 없이 사랑하게 해준다.

당신의 삶 속에서 사랑하기 힘든 사람은 누구인가? 어느 부분에서 하나님이 당신을 사랑하신 것처럼 그 사람들을 사랑할 필요가 있는가? 당신의 삶 속에 있는 누군가는 자신도 하나님의 딸이라는 것을 알 필요가 있다. 그녀를 섬기라. 그녀를 받아들이라. 그리스도가 당신에게 보여주신 그런 희생적인 사랑을 그녀에게 보여주라! *Ruth*

"아버지, 아버지의 아들을 통해 저를 조건 없이 사랑해주셔서 감사합니다.

예수님을 십자가로 인도한 것은 값지고 희생적인 사랑입니다.

저는 자격이 없고 가치가 없으나, 그럼에도 주님이 저를 사랑해주셨습니다.

주님이 제게 보여주신 그 사랑으로 주변 사람들을 사랑하도록 도와주세요.

예수님의 이름으로 기도합니다. 아멘."

* 힘들더라도 어떻게 사랑하기 시작할 수 있을까?

* 당신 자신을 위해서가 아니라 타인을 위해 누군가를 사랑할 수 있는 한 가지 방법은 무엇인가?

51

내 주머니 속의 동전

"주여 내게 은혜를 베푸소서 내가 종일 주께 부르짖나이다."

시편 86:3

공중전화를 기억하는가? 그것은 보통 식당이나 공항, 쇼핑몰, 주유소 안에 있었다. 누군가에게 전할 말이 있을 때면 어머니는 언제나 내 청바지 주머니에 넣어두신 동전을 찾았다. 그 다음에 한 손으로 수화기를 들고 다른 손으로 동전을 넣은 후 다이얼을 눌렀다. 그러면 곧 필요한 도움을 받거나 차를 타고 갈 수 있었다.

1980년대에 어린아이였던 나는 동전을 아껴 썼다. 꼭 필요한 전화와 가끔 있는 비상사태에 대비해 아껴두었던 것이다. 나는 한 달에 한 번이나 두 번만 아껴두었던 동전을 사용했다. 동전을 사용해야 할 일이 생기면, 그것이 정말 그럴 가치가 있는 일인지 확인했다. 그러다 꼭 필요한 일이 아니라면, 그 동전은 내 앞주머니에 그대로 머무르며 언젠가 자신을 구해달라는 요청을 받게 될 때까지 기다렸다.

이것을 오늘날의 전화 통화와 비교해보라. 우리는 언제든지, 자유롭게 문자 메시지를 보내거나 소셜 미디어를 통해 즉각 누군가와 접속할 수 있다. 그것은 우리와 하나님의 관계를 떠올리게 한다. 함께 생각해보자.

내가 하나님께 구하는 것을 생각해보면, 종종 80년대의 십대와 더 비슷한 것 같아 두렵다. 나는 정말로 하나님이 필요할 때를 위해 내 영적인 동전들을 아껴두며, 그것이 기도의 노력을 들일만한 가치가 있는지 확인하려 한다. 내가 영적으로 차가 없어 옴짝달싹 할 수 없을 때처럼 될까봐 두려울 때 나는 하나님을 부른다. 또 어떤 때는 안타깝게도, 내 영적 전화기가 때로 멀리 떨어져 있음을 인정하지 않을 수 없다.

대신 나는 어떤 일에 대해서든 하나님께 자유롭게 메시지를 보내고, 그 결과 하루 종일 늘 하나님과 접속되어 있어야 한다. 하나님의 전화는 절대 통화 중이 아니며, 하나님은 가끔 또는 일주일에 한두 번보다 더 많이 나와 연락하기 원하신다. 나는 시간이나 장소에 상관없이 전화(기도)하고, 문자메시지를 보내고(일기쓰기), 메시지를 저장하며(성경 암송), 메시지에 답을 할 수 있다(하나님을 찬양하기)! 오, 우리의 일상생활에서 하나님의 임재가 우리의 전화기에 보이는 애착만큼 소중하고 갈망하는 것이 된다면 얼마나 좋을까!

이러면 어떨까? 이번 주에 우리가 전화기를 들 때마다, 오늘의 성경 구절을 떠올려보는 것이다. 하나님을 부르라. 하루 종일. 그분은 언제나 응답해주실 것이다. *Karen*

"사랑하는 하나님, 제가 어떤 일 때문에
주님이 필요할 때에만 기도에 의존하는 것을 용서해주세요.

이제부터는 하루 종일 하나님과 접속해 있기로 결심합니다.

꼭 필요할 때만이 아니라 단지 하나님께 감사드리거나

하나님과 함께 시간을 보내고 싶을 때 주님을 부르겠습니다.

주님은 제 유일한 생명줄이십니다.

예수님의 이름으로 기도합니다. 아멘."

* 기도의 영역에서, 당신은 하루에 여러 번 하나님과 접속하는가? 혹은 주머니에 동전을 넣어두는 사람과 더 비슷한가? 당신이 하나님과 더 많은 시간을 보내기 위해 취할 수 있는 행동을 한 가지만 적어보자.

52

유혹으로부터의 구원

"우리를 시험에 들게 하지 마시옵고 다만 악에서 구하시옵소서."

마태복음 6:13

매일 매일이 전쟁이다. 우리는 이 전쟁에 대해 늘 알고 있거나 이해하고 있지는 못하다. 그러나 우리는 예수님에게 충성함으로, 우리의 마음과 생각을 위한 싸움을 하고 있다. 우리의 적은 우리의 삶 속에서 이루어지는 하나님의 선한 역사를 방해하고, 어지럽히고, 심지어 파괴하는 데 집중한다.

우리는 낙심하도록 유혹을 받는다.

우리는 의심하도록 유혹을 받는다.

우리는 포기하거나 굴복하고 싶어진다.

우리는 관성으로 움직이려는 유혹을 받는다.

우리는 지쳐서 그만두고 싶은 유혹을 받는다.

우리는 순종하기보다는 쉬엄쉬엄 하고 싶어진다.

예수님이 제자들에게 기도를 가르치시면서 그들이 연약할 때 도움을 얻기 위해 기도하라고 말씀하신 이유가 여기에 있다. 마태복음 6장 13절에서 예수님은 "우리를 시험에 들게 하지 마시옵고 다만 악에서 구하시옵소서"라고 기도하라고 하셨다. 예수님은 하나님이 우리를 유혹에 빠지게 하신다고 말씀하시는 것인가? 하나님은 분명 우리의 유익과 성장을 위해 우리의 삶 속에 시험과 시련이 오게 하신다. 하지만 우리를 죄로 인도하시지는 않는다(약 1:13).

예수님은 우리에게 매일 매일이 전쟁임을 상기시켜주셨다. 죄는 가까이에 있고 개인적인 것이다. 그것은 우리 안에서, 우리와 전쟁을 벌인다. 우리는 죄와 마주쳤을 때 그 죄의 유혹을 받지 않도록 기도해야 한다. 예수님은 하나님의 관점을 구하라고 가르치셨다. 하나님께 지혜와 보호를 구하라고 하셨다. 가장 중요한 것은 하나님의 능력을 구하는 것이다.

지금 당신은 어디에서 가장 많은 유혹을 받는가? 일상의 어떤 만남들이 당신을 유혹하는가?

좋은 소식은 우리가 이 싸움을 홀로 하지 않는다는 것이다. 전쟁은 우리의 것이 아니다. 그것은 하나님의 것이다. 또한 하나님은 우리 모두가 직면하는 유혹들을 이기기 위해 그리스도 안에서 우리에게 필요한 모든 것을 주셨다.

명심하라. 우리는 그리스도 안에 있으므로 승리를 얻기 위해 싸우는 것이 아니다. 우리는 승리의 장소에서 싸우는 것이다. 승리는 이미 우리의 것이다. 우리 안에 계신 이가 세상에 있는 자보다 더 크시다(요일 4:4).

그러므로 예수님을 바라보라. 예수님의 사랑 안에서 살라. 그리스도 안에서 당신의 것인 능력으로 세움을 받으라. 주님이 모든 유혹으로부터 당신을 구원하기로 약속하셨기 때문이다. *Ruth*

"아버지, 오늘 제가 유혹에 빠지지 않게 해주세요.

죄와 마주칠 때, 제가 죄의 유혹에 넘어가지 않도록 도와주세요.

주님은 이미 죄의 힘으로부터 저를 자유롭게 해주셨습니다.

주님의 승리가 제 것입니다.

오늘 제가 하는 모든 일에서 주님을 섬기고자 할 때

주님의 힘과 지혜로 저를 가득 채워주세요.

예수님의 이름으로 기도합니다. 아멘."

＊ 지금 당신은 어디에서 가장 많이 유혹을 받는가?

~~~~~~

~~~~~~

~~~~~~

~~~~~~

~~~~~~

＊ 당신이 죄를 이기도록 하나님께 도움을 구할 수 있는 한 가지 방법은 무엇인가?

~~~~~~

~~~~~~

~~~~~~

~~~~~~

~~~~~~

53

휴식과 여가는 꼭 필요하다

"여호와는 나의 목자시니 내게 부족함이 없으리로다

그가 나를 푸른 풀밭에 누이시며 쉴 만한 물 가로 인도하시는도다

내 영혼을 소생시키시고 자기 이름을 위하여 의의 길로 인도하시는도다."

시편 23:1-3

당신은 중독자인가? 나는 중독자다. 슬프게도, 내 중독은 때로 심각하다. 그리고 통계에 의하면 많은 사람들이 나와 같은 끔찍한 강박상태를 겪고 있다. 나는 바쁜 생활에 중독되어 있다.

내 취미는 고등학교 때 시작되었다. 그러니까 그때 나는 스포츠, 학교 신문, 외국어 클럽, 청소년 클럽에 가입했고, 자원봉사를 하면서 시간제 아르바이트까지 했다! 고등학교를 졸업할 때까지 나는 거의 세 사람이 하는 것보다 더 많은 활동에 참여했다. 그리고 불행히도 그 바쁜 활동은 어른이 되어서도 계속 이어졌다.

현대 문화는 도움이 되지 않는다. 사회는 정신없이 바쁜 라이프 스타일을 권장할 뿐만 아니라, 그것을 칭찬하고 심지어 보상하기도 한다! 제정신을 가진 여자라면 누구나 가끔씩 '착한 소녀'가 되고 싶지 않겠는가?

그러나 효율적인 하나님의 사람이 되기 위해, 우리는 속도를 늦추고 주기적으로 우리의 꽉 찬 그릇에서 책무를 좀 덜어내야 한다. 뿐만 아니라 때로는 이런 광란의 질주를 아예 멈출 필요가 있다.

나는 한 달 동안 인터넷을 끊고 소셜 미디어 금식을 했다. 31일 동안 상태 업데이트, 귀여운 사진 포스팅, 또는 블로그를 하지 않았다. 이 일은 정말 힘들었지만, 놀라울 정도로 보람이 있었다.

휴식을 갖는 며칠 동안, 나는 가까운 기도원에 가서 앉아 있었다. 기숙사처럼 지정된 방들이 있는 그곳은 아름다운 자연의 한 조각 안에, 포도 농장과 향기로운 배와 사과 농장이 내려다보이는 언덕에 있었다.

삶에서 벗어나는 일은 거의 불가능할 때도 있지만, 나는 가끔 하나님과 단둘이 있으면서 책도 읽고 묵상도 하고 글도 쓰기 위해 이곳에 온다. 소나무와 다년생 식물이 가득한 땅을 홀로 걷는다. 요란한 텔레비전도 없고, 인터넷 연결도 안 되고, 울리는 전화기도 없고, 익숙하지 않지만 신성한 고요함만 있다.

그리스도는 시편 23편 1-3절에서 우리에게 와서 눕고, 인도를 받고, 우리 영혼이 생기를 되찾게 하라고 하셨다. 주님이 "나를 누이신다"라고 말하는 구절을 지나치지 말라. 우리는 종종 스스로 속도를 늦추지 않는다. 그래서 때로는 아버지께서 우리의 유익을 위해 강제로 그렇게 만드실 필요가 있다. 그리고 무엇보다, 이는 반드시 필요한 것이다. 우리가 뒤로 물러날 때 하나님의 음성을 가장 잘 들을 수 있다. 하나님은 종종 우리의 바쁜 생활의 소음보다 더 크게 소리치는 것을 좋아하지 않으시며, 대신 조용한 곳에서 부드럽게 우리에게 속삭이신다.

그리스도인의 삶에는 후퇴가 필요하다. 예수님 자신도 주기적으로 휴식 시간을 가지셨다. 그분은 직접 본을 보이심으로써 우리를 인도하신다. 오늘, 당신도 하던 일을 중단하고 물러나, 충전하는 시간을 가져보는 건 어떨까? 결코 후회하지 않을 것이다. *Karen*

"사랑하는 하나님,

하나님과 함께 잠시 떠나라는 명령을 무시했던 것을 용서해주세요.

제가 방해받지 않고 주님과 함께 시간을 보낼 수 있도록 제 상황을 조정해주세요.

예수님의 이름으로 기도합니다. 아멘."

* 가장 최근에 모든 화면을 완전히 끄고 기도와 성경 읽기를 통해 홀로 조용히 하나님과 교제를 나누었던 때는 언제인가? 앞으로 몇 주 동안, 짧은 시간이라도 홀로 있는 시간을 마련해보라. 지금 당신의 달력에 그 시간을 표시해보라. 반드시 그 시간을 사수해보자.

54

하나님을 충분히 사랑하는가?

"보라 아버지께서 어떠한 사랑을 우리에게 베푸사
하나님의 자녀라 일컬음을 받게 하셨는가, 우리가 그러하도다."

요한일서 3:1

나는 언제나 규칙을 따르는 사람이었고, 모든 것을 흑백 논리로 보았다. 대개는 이런 것이 나쁘지 않았다. 하지만 때로는 이런 내 성격의 잘못된 면이 나와 하나님의 관계에 영향을 미치는 것을 보게 된다. 나는 하나님을 위해 할 일을 충분히 했는지 여부를 놓고 고민한다. 삶은 내가 하나님을 충분히 사랑하기 위해 체크해야 할 항목들처럼 보일 수 있다.

우리가 하나님을 사랑해야 하는 것은 분명한 사실이다. 우리는 하나님을 믿고 순종할 때 하나님에 대한 사랑을 나타낸다. 하나님의 계명은 부담스러운 짐이 아니다. 진리가 우리 안에 살아 있으므로, 우리는 예수님이 하신 일을 기쁘게 행한다. 하지만 당신이 하나님을 충분히 사랑하는지의 여부를 놓고 고민해본 적이 있는가?

물론 내 삶 속에서도 내가 할 일을 다 하고 있지 않은 것처럼 느껴지는 순간들이 있었다. 내 마음이 멀게 느껴졌고, 한때 내가 느꼈던 사랑이 식어버린 것 같았다. 하지만 믿음에서 멀어진 것은 아니었다. 나는 여전히 성경을 읽고, 지역 교회에서 봉사하고, 하나님의 도움으로 순종의 길을 걷기 위해 최선을 다하고 있었다. 그러나 때로 이런 의문이 들었다.

'과연 그걸로 충분할까?'

하나님은 나에게 단순한 진리를 상기시켜주셔야만 했다. 내가 항상 하나님을 충분히 사랑했다고 느끼는 것보다 훨씬 더 중요한 것은 하나님이 나를 사랑하신다는 사실이라는 걸. 복음이 좋은 이유는 내가 스스로는 결코 할 수 없는 일을 하나님께서 나를 위해 그리스도를 통해 해주셨다는 것이다. 내가 하나님께 받아들여진 것은 내가 한 일 때문이 아니라 그리스도께서 나를 위해 하신 일 때문이다. 내 구원은 믿음을 통해 은혜로 된 것이다.

따라서 나는 내가 하나님을 충분히 사랑했는지에 대해 스트레스를 덜 받는 법을 배우고 있다. 나를 위한 하나님의 사랑은 완전하고 최종적이다. 그 무엇도, 나를 하나님의 사랑에서 분리할 수 없다. 대신, 나는 나를 향한 하나님의 사랑 안에 거하기로 선택해야 한다.

나는 하나님이 나를 사랑하시는 만큼 하나님을 사랑할 수 없다. 내가 아무리 하나님을 사랑하고 순종하려 해도, 하나님이 나를 사랑하시는 것에 비하면 늘 무색해질 것이다! *Ruth*

"아버지, 제가 사랑으로 보답할 수 없을 만큼
저를 더 많이 사랑해주셔서 감사합니다.

주님은 저를 구원하시고 용서해주셨습니다.

그리고 저를 내면에서부터 변화시키고 계십니다.

주님의 무조건적인 사랑 안에 거하도록 저를 가르쳐주세요.

하나님의 사랑을 얻기 위해서가 아니라,

제가 이미 하나님의 완전한 사랑을 받았기에

하나님을 사랑하도록 도와주세요.

예수님의 이름으로 기도합니다. 아멘."

* 당신이 하나님을 충분히 사랑하는지 고민했던 이유는 무엇인가?

* 십자가는 당신의 순종의 동기를 어떻게 바꾸는가?

55

연습하면 완벽해질까?

"성도들의 쓸 것을 공급하며
손 대접하기를 힘쓰라."

로마서 12:13

'연습이 완벽을 만든다'라는 옛 격언을 들어보았을 것이다. 선생님들은 학생들에게 글씨 쓰기를 연습시킨다. 상사들은 인턴들에게 그들의 기술을 더 잘 습득할 때까지 연습하라고 충고한다. 예전에 피아노를 배웠던 학생들은 "연습해, 연습해, 연습해"라는 선생님의 목소리가 계속 귀에 울리는 경험을 했을 것이다. 그러나 연습만 하면 정말 '언제나' 완벽해질까?

신약성경의 로마서에서, 하나님은 단순한 문장으로 우리에게 빠른 문자 메시지를 보내신 것 같다.

"손 대접하기를 힘쓰라"(롬 12:13).

거기서 완전함은 언급되지 않는 것에 주목하라. 그러나 '대접'이라는 단어 자체가 두려움과 완벽함에 대한 기대감을 불러올 수 있다. 잡지에 나올 듯한 장식, 화려한 음식, 흠잡을 데 없는 주변 환경, 너무나 멋진 집들의 핀터레스트

(Pinterest, 미국의 소셜 네트워크) 이미지들이 떠오른다. 하지만 우리가 손님 대접하기를 힘쓰기 위해서는 우리나 우리 집, 또는 음식이 완벽해야만 하는 걸까?

나는 성경을 공부할 때 어느 구절이 무엇을 말하는지만 보지 않고 무엇을 말하지 않는지를 함께 보는 것이 더 흥미롭다는 걸 발견했다. 오늘의 핵심 구절은 많은 것을 이야기하지 않는다. "너희 중에 널찍하고 아름다운 집을 가진 자들은 손님을 접대하라"라고 말하지 않는다. 우리 집의 청결함, 벽의 장식, 또는 주방에서의 전문적인 요리 솜씨를 언급하지 않는다. 우리는 그저 '힘쓰라'라는 말을 들을 뿐이다.

여기서 '힘쓰라'(practice)라는 동사는 '한 사람의 능숙도를 향상시키기 위해 반복해서 또는 주기적으로 어떤 활동을 하는 것'으로 정의된다. 이 정의는 우리가 완벽해질 거라고 말하지 않으며, 다만 진전이 있을 거라고 말한다.

내가 어른이 되어 혼자 살게 되었을 때, 나는 침을 꿀꺽 삼키고 속삭이듯 기도하며 내 집과 마음을 둘 다 개방하기 시작했다. 내 연습은 진전을 이루어냈다. 나는 장식을 위한 팁들과 청소법을 배웠고, 손님들에게 내어줄 쉽고 맛있는 요리의 무기를 얻었다.

하지만 나는 때로 타버린 치킨을 내놓기도 했고, 손님들이 왔을 때 조명에 거미줄이 있는 걸 들키기도 했으며, 손님들이 앉을 자리를 내주기 위해 개지 않은 빨래 더미를 소파에서 치우기도 했다. 접대는 우리가 사는 집으로 다른 사람들을 기꺼이 맞이하고, 냉동 피자와 아이스크림 샌드위치를 웃으며 대접하는 것을 의미한다.

우리에게 대접하기를 힘쓰라고 말하는 것은 하나님께서 우리에게 다른 사람들을 축복하라고 권면하시는 한 가지 방법이다. 그러나 결국에는 우리가 대신 축복을 받는 경우가 빈번하다.

연습하고 힘써도 우리 집과 요리와 우리 자신은 완벽해지지 않을 것이다. 그러나 하나님이 우리의 길에 두신 사람들을 대접하고자 할 때, 하나 된 마음을 갖게 될 것이고, 그것은 우리의 삶에 영향을 끼치게 될 것이다. 여러 가지 핑계를 대지 말고 커피 메이커를 켜라. 손님들이 온다! *Karen*

"사랑하는 하나님, 제가 다른 사람들을 대접하는 것을
기피했던 시간들을 용서해주세요.
주님은 완벽이 아니라 진전을 보기 원하신다는 것을 알고,
주님이 제게 명령하신 대로 사람들을 환영하고 대접하도록 도와주세요.
예수님의 이름으로 기도합니다. 아멘."

* 당신이 다른 사람들을 초대하지 않는 핑계거리는 무엇인가? 어떻게 하면 그것을 극복하고 이번 주에는 누군가에게 완벽하지 않은 대접을 하기로 결정할 수 있을까?

56

기다림을 헛되게 하지 않으시는 하나님

"우리 영혼이 여호와를 바람이여 그는 우리의 도움과 방패시로다

우리 마음이 그를 즐거워함이여

우리가 그의 성호를 의지하였기 때문이로다."

시편 33:20,21

"우리는 _____ 속에서 기다린다."

이 빈칸을 채우는 여러 가지 방법이 있을 거라 생각한다. 우리는 종종 두려움 속에서 기다린다. 분노 속에서 기다린다. 절망이나 의심 속에서 기다린다. 결론은, 우리 대부분이 기다리는 것을 좋아하지 않는다는 것이다!

성경은 기다림에 대해 많은 이야기를 한다. 훌륭한 믿음의 영웅들 중에는 기다린 사람들이 있었다. 몇 명만 예로 들자면, 아브라함, 요셉, 다윗을 생각해보라. 사라, 한나, 에스더는 어떤가? 그들은 모두 기다렸다. 그러나 기다림 자체보다 그들이 어떻게 기다렸는지가 중요하다.

당신은 지금 무엇을 기다리고 있는가? 어쩌면 새로운 직장을 기다리고 있을 것이다. 다른 직장을 찾고 있는지도 모른다. 친구나 동료, 심지어 배우자가 변하기를 기다리고 있거나. 임신, 병원 검사 결과, 또는 아들이나 딸이 믿음을 회복하길 기다리고 있는지도 모른다. 어떤 상황이든 간에, 우리는 모두 기다리는 가운데 동일한 유혹에 직면한다.

그 유혹은 종종 하나님보다 앞서가려는 것이다. 하나님의 계획을 재촉하려는 것이다. 하나님의 때를 앞당기려는 것이다. 우리는 자신의 신이 되어 자기가 직접 일을 처리하고 싶어진다.

그러나 하나님은 우리의 기다림을 헛되게 하지 않으신다. 그분은 우리의 기다림 속에서 큰일을 행하신다. 우리에게 겸손, 하나님을 의지하는 것, 그리고 인내를 가르쳐주신다. 하나님은 우리를 연단하시고, 우리의 이기적이고 악한 욕망들을 정결케 하신다. 우리가 하나님을 섬기고 있으며, 그분의 뜻은 참으로 선하고, 기쁘고, 온전하다(롬 12:2)는 것을 깨우쳐주신다.

그러므로 당신이 기다리고 있는 중이라면 어떻게 기다릴지에 유의하라. 당신이 기다리는 분이 하나님이심을 기억하라. 시편 33편 20절에서 시편 기자는 그가 '여호와를 바라며' 기다렸다고 했다. 왜일까? 하나님만이 '우리의 도움과 방패'시기 때문이다. 하나님의 사랑은 변함이 없다. 그분의 때는 완벽하다. 그리고 하나님의 기다림은 언제나 약속과 함께 온다. 그분이 구원하실 것이다. 그것은 우리가 기대하거나 원했던 것과 다를 수 있다. 하지만 하나님은 그분을 기다리는 자들을 축복해주신다. *Ruth*

"아버지, 아버지만이 제 도움과 방패가 되십니다.

주님을 기다리겠습니다.

제게 겸손히 행하며 깊이 신뢰할 수 있는 힘을 주소서.

제 기다림을 결코 주께서 헛되게 하지 않으신다는 것을 압니다.

그러니 제 안에서 하고 계신 일을 계속 행하시고,

주께 제 소망을 둘 때 저를 더 가까이, 더 깊은 곳으로 이끌어주세요.

예수님의 이름으로 기도합니다. 아멘."

* 당신이 하나님의 때나 계획보다 앞서갔던 때가 있는가? 언제인가?

* 하나님이 당신의 기다림을 축복해주시는 것을 경험했는가?

57

단지 아홉 집 건너

"네 이웃을 네 자신과 같이 사랑하라."

마가복음 12:31

우리가 새로운 동네로 이사온 뒤로 2년 동안, 나는 산책을 하면서 그녀를 보았다. 때로 그녀는 쓰레기통을 비우거나 화단에 물을 주고 있었다. 나는 잠깐 동안 웃으며 인사를 했다. 어쨌든 동네는 크고 내 삶은 바쁘다. 그래서 인사를 나눈 후에는 다시 이어폰을 꽂고 집까지 걸어왔다. 아홉 집만 지나면 우리 집이었다.

얼마 전에 동네에서 불빛이 번쩍거리고 사이렌이 울렸다.

'혹시 불이 났나?'

나는 생각했다. 구급차들이 아홉 집 건너에 있는 내 이웃 집 앞에 주차되었지만, 불꽃은 보이지 않았다. 나는 틀림없이 잘못 출동한 걸 거라고 판단했다.

이틀 후에 나는 끔찍한 소식을 들었다. 화재는 없었다. 연기도 나지 않았다. 다만 너무나 슬픔에 잠긴 영혼이 있었다. 그러니까 아홉 집 건너에, 꽃에 물을 주던 이름 모를 내 이웃의 마음속에 어떤 일이 일어났던 것이다. 무언가가 그녀에게 이 삶은 더 이상 살 가치가 없다고 말했다. 그리고 그녀는 그 말에 동의했다.

이제 그녀의 심장은 더 이상 뛰지 않는다. 나는 여전히 내 휴대폰에서 요란하게 울리는 찬양곡에 깊이 빠진 채 그녀의 집을 지나쳐갈 수 있다. 그날 해야 할 일들 중 다음 일을 처리하기 위해 바쁘게 움직인다.

아홉 집 건너인 그곳에서 더 이상 손을 흔들거나, 미소를 짓거나, 혹은 '가던 길을 멈추고 그녀의 이름을 알아내야겠다'라고 생각하는 일은 없을 것이다. 만일 내가 다가가 그녀와 친구가 되었다면, 그녀가 우리의 우정을 통해 예수님을 알게 되었을까? 불완전한 내 삶 속에서 완전하신 하나님을 잠깐 본 것이 그녀의 마음을 움직여 하나님과도 관계를 맺게 되었을까? 그녀는 자신의 감정적 고통을 끝내는 길을 찾는 대신 하나님의 뜻과 평안을 발견했을까? 오직 하나님만 아시는 일이다.

나는 하나님을 사랑하기 원하는 여자다. 하지만 너무 바빠서 하나님이 명백하게 내 길에 두신 사람들을 사랑하지 못할 때가 너무 많다. 하나님은 우리에게 이웃을 사랑하라고 하신다. 그러나 그러기 위해서는 먼저 그들에게 주목하고 그들을 알아가야 한다. 우리의 스케줄이 꽉 차 있더라도, 잠시 멈추고 하나님이 우리의 마음을 두드리시며 부드럽게 우리를 가로막으시고 우리의 하루 스케줄을 재조정하시도록 할 수 있다. 하나님이 우리의 마음을 두드리실 때, 우리는 그들의 문을 두드릴 수 있다. 그리고 일단 우리가 다가간 후에는 결과를 하나님께 맡긴다.

우리 모두 오늘 우리의 마음을 두드리는 사람들에게 응답하고 그들을 무시하지 말자. 하나님이 한 생명을 구하실 때 우리를 사용하실 지도 모른다. 그 일이 멀지 않은 곳, 단지 아홉 집 건너에서 일어날지도 모른다. *Karen*

"사랑하는 하나님, 하나님이 제 마음을 두드리시며
누군가에게 다가가라고 하시는 그 순간들을 놓치지 않기 원합니다.
그 사람이 하나님을 알 수 있도록 제가 주의를 기울이고 응답하게 해주세요.
예수님의 이름으로 기도합니다. 아멘."

＊ 하나님이 당신에게 다가가라고 하시는 것 같지만 너무 바빠서 하나님의 자극에 응답하지 않았던 사람이 있는가? 그 사람은 누구인가? 이번 주에 어떻게 그 사람에게 친절을 베풀겠는가?

58

감당하기 버거운 일

"여호와께서 기드온에게 이르시되
너를 따르는 백성이 너무 많은즉
내가 그들의 손에 미디안 사람을 넘겨주지 아니하리니
이는 이스라엘이 나를 거슬러 스스로 자랑하기를
내 손이 나를 구원하였다 할까 함이니라."

사사기 7:2

모두 이런 경험이 있을 것이다. 우리의 능력 밖이라고 느껴지는 새 직장, 새로운 시즌, 어떤 환경들 말이다. 구약성경에 나오는 이스라엘의 사사 중 한 명인 기드온도 예외가 아니었다. 그에게는 이스라엘 백성을 이끌고 그들의 대적인 미디안 족속들과 싸워야 하는 임무가 주어졌다.

이스라엘에는 꽤 크고 강한 군대와 맞서 싸울 남자들이 충분히 많아 보였다. 따라서 그들의 임무는 감당할 수 있는 일이었다. 해볼 만했다. 그렇게 무시무시한 일은 아니었다. 하나님이 기드온에게 수만 명의 군사들을 집으로 돌려보내라고 말씀하시기 전까지는 말이다. 왜 그러셨을까?

사사기 7장 2절에서 하나님은 기드온에게 "너를 따르는 백성이 너무 많다" 라고 말씀하셨다. 만일, 이런 상황에서 그들이 전쟁에 나가 이기면 자기들 힘으로 이긴 줄 알 것이다. 그들 자신의 힘과 풍부한 지략이 영광을 얻을 것이다. 그들은 "내 손이 나를 구원하였다"라고 말할 것이다. 그래서 하나님은 그들의 군대를 단 몇 백 명으로 줄이셨다. 승리는 그들의 것이 되겠지만, 궁극적으로 그 승리는 하나님의 것이 될 것이다!

종종 우리가 감당하기 어렵다고 느낄 때가 하나님이 원하시는 자리에 정확하게 있는 때인 것 같다. 우리가 새 직장, 어쩌면 교회에서 새로 맡은 사역, 또는 새로운 기회 때문에 부담감을 느끼며 감당할 수 없는 일이라고 여기는 것은 바로 하나님이 우리에게 원하시는 것이다. 그것은 더 이상 우리에 관한 일이 아니기 때문이다.

우리가 감당할 수 없다고 느낄 때는 하나님께 맡길 수밖에 없다. 하나님의 지혜를 구하고, 신실함과 능력에 대한 하나님의 약속에 매달릴 수밖에 없다. 즉, 우리가 준비되지 않은 것 같고, 압박감을 느끼고, 혹은 자격이 없다고 느낄 때 우리는 하나님께 합당한 영광을 돌리기에 가장 좋은 자리에 있는 것이다.

그러므로 두려워하지 말고 기도하며 새로운 일을 시도하라. 당신이 감당하기 버겁다고 해서 낙심하거나 걱정하지 말라. 당신은 정확히 있어야 할 자리에 있는지도 모른다. 하나님이 이루시고 영광을 받으시게 하라! *Ruth*

"하나님, 제게 하나님의 힘이 필요합니다.

하나님만이 제게 능력과 지혜와 승리를 주시는 분입니다.

저보다 앞서 가시며, 저를 인도하시고,

하나님이 제게 맡기신 일을 이루는 데 필요한 모든 것을 제게 주세요.

하나님을 신뢰합니다. 저는 하나님을 바라봅니다.

제 영광이 아니라 하나님의 영광을 위해 살도록 도와주세요.

예수님의 이름으로 기도합니다. 아멘."

＊ 당신의 힘으로 감당하기 버겁다고 느끼는 일이 무엇인가?

＊ 실패에 대한 두려움이 당신으로 하여금 하나님께 순종하지 못하게 한 일이 있는가?

59

당신의 집 만들기

"나의 구원과 영광이 하나님께 있음이여
내 힘의 반석과 피난처도 하나님께 있도다."

시편 62:7

그것들은 거실의 커피 테이블 위에 높이 쌓여 있었다. 동그랗게 말아서 꾸민 나비 리본들로 화려하게 포장된 상자들과 맨 위에 바스락거리는 티슈페이퍼가 살짝 보이는 산뜻한 선물 봉투들이었다. 거의 30명 넘는 친구들이 내 친구 티다의 집에 기대하는 마음으로 모였을 때, 그것들은 축제 분위기를 한층 더 해주었다.

캄보디아 원주민인 티다가 내 친구 키스(Keith)를 만난 것은 그가 그녀의 나라에서 유학할 때였다. 지금 그들은 결혼해서 미국에 살고 있고, 친구들은 그녀에게 옛날식으로 집들이 파티를 해주었다.

그날 밤 그녀는 집안의 보물들을 열어보았다! 폭신해 보이는 새 수건, 향기 나는 양초, 액자, 화분들. 늘 조용조용 말하고 고마워하는 그녀는 겸손했고, 선물 하나하나를 풀어볼 때마다 말로 감사를 표현했다. 종종 그녀는 사람들을 보면서 똑같은 말을 했다. "오, 우리 집을 만들게 도와줘서 정말 감사드려요."

우리는 티다의 말이 무슨 뜻인지 알았다. 그녀는 자기 집에 가구를 들여놓고, 필요한 물품들을 갖추어 집을 꾸미려 했다. 그러나 왠지 영어(그녀의 제2언어)로 그녀의 감정을 전달하려 할 때 그녀가 지속적으로 선택한 표현은 "우리 집을 만들다"였다.

사랑스러운 티다가 그날 밤 이 말을 여러 번 하는 것을 들으면서 마음에 감동이 느껴졌다. 본질적으로, 형제자매들과 친인척들, 그리고 많은 새 친구들로 이루어진 이 그룹이 바로 그 일을 하도록 도와주고 있었던 것이다!

티다는 그녀에게 예수님을 따르는 것이 어떤 것인지 가르쳐준 친척 아주머니의 모습을 보고 예수님과 관계를 맺기 시작했다. 그녀의 많은 조상들이 따랐던 거짓 신을 선택하기보다, 성경의 참된 하나님을 선택했다. 지금 그녀와 그녀의 남편은 하나님과 동행하기를 갈망하고 있으며, 새로운 거주지에서 그녀를 지지하는 그룹인 우리는 그녀의 노력들을 응원하고 격려하기 위해 최선을 다할 것이다. 우리 모두는 티다가 말한 본질적인 그녀의 집 만드는 일을 도와주기로 약속한 것이다.

그리스도를 위해 결단한 다른 여인을 알고 있는가? 주님의 길로 가기 위해 예전에 따르던 길을 떠난 사람은? 그렇다면 당신을 주시하고 바라보며 배우고 있는 이들이 있다는 것이다. 앞으로 그녀는 무엇을 보게 될까? 무엇이 그녀가 그리스도께 기반을 두고 하나님의 진리로 마음의 집을 만들어가도록 돕겠는가?

집을 만드는 것은 의미 있는 사업이다. 우리 모두 우리를 지켜보며 배우고,

어쩌면 형태를 갖추어가고 있는 사람들에게 그리스도를 비춰주는 거울이 되어야 할 것이다. *Karen*

"사랑하는 하나님, 어떻게 하나님의 뜻대로 삶을 만들어가는지 알기 위해
우리를 바라보고 있는 다른 사람들이 있다는 것을 유념하며 살게 해주세요.
예수님의 이름으로 기도합니다. 아멘."

＊ 최근에 예수님과 동행하는 것이 무엇을 의미하는지에 대해 배우는 데 관심을 갖기 시작
한 사람을 생각해보라. 그녀가 믿음을 형성하고 복음의 진리에 반응하도록 돕기 위해
당신이 할 수 있는 일은 무엇인가?

60

다시 읽기

"환난과 우환이 내게 미쳤으나
주의 계명은 나의 즐거움이니이다."

시편 119:143

몇 년 전 주말 수양회 때, 한 청년 리더가 딸아이에게 쪽지 하나를 주었다. 격려와 진리의 말들로 가득한 그 쪽지는 우리 딸에게 청량제 같았다. 그녀는 그것을 수도 없이 읽고 또 읽으며, 모든 단어 하나하나를 곱씹었다.

주말 수양회에서 집으로 돌아오는 길에 보니 딸아이가 또 그 쪽지를 읽고 있었다! 아이에게 물었다.

"그걸 또 읽고 있어?"

딸이 대답했다.

"네, 엄마. 다 기억하질 못해서 또 봐야 해요."

그 주일 밤에 집으로 오면서, 하나님의 말씀이 그와 같다는 생각이 들었다. 우리도 하나님의 말씀을 늘 떠올릴 필요가 있다. 우리는 그것을 읽고 또 읽는다. 하나님이 누구시며 우리가 누구인지 생각나게 해줄 것이 필요하기 때문에, 반복해서 그 말씀으로 돌아가야 한다.

하나님은 선하시고 신실하시다. 그분은 실제로 말씀하셨다. 그분은 우리를 사랑하신다. 우리와 함께하신다. 그분은 큰 힘과 지혜와 소망의 원천으로서 우리에게 하나님의 말씀을 주셨다. 내가 처음 그 말씀을 받았을 때처럼 오늘도 그 말씀이 필요하다.

삶이 힘들거나 버거워질 때면 다른 것에 의존하고 싶은 유혹이 든다. 하나님의 진리를 잊어버리는 것이다. 그러나 다른 모든 원천은 우리를 공허하게 하고, 결코 우리의 영혼을 만족시키지 못한다. 성경이 그 말씀에 대해 뭐라고 말하는지 잠시 생각해보자.

- 성경은 순결하다(시 19:8).
- 성경은 인생의 안내자이다(시 119:105).
- 하나님의 말씀은 우리 영혼을 먹이고 양분을 공급해준다(렘 15:16).
- 말씀은 우리를 변화시킨다(히 4:12).
- 성경은 진리다(요 17:17; 딤후 3:16).
- 말씀은 우리를 죄에서 정결케 한다(엡 5:26).

성경은 반복해서 읽을 가치가 있다. 하나님은 당신에게 그분의 사랑을 상기시키기 원하신다. 하나님의 약속들로 당신을 격려하기 원하신다. 그분의 진리로 당신을 인도하기 원하신다. 우리는 그것을 잊어버리기 쉽기에, 가장 완벽하게 우리를 깨우쳐주시는 하나님께 계속 돌아가야 한다. *Ruth*

"아버지, 주께서 말씀하셨으므로 저는 주님을 찬양합니다.

주님이 제게 주의 말씀을 주셨습니다. 주의 진리와 약속들은 제게 기쁨입니다.

그것은 제게 기쁨과 소망을 가져다줍니다.

주님이 누구신지를 깊이 묵상하도록 도와주세요.

주님이 그리스도 안에서 저를 위해 하신 모든 일들을 소중히 여기도록 가르쳐주세요.

제가 처음 주님과 동행하기 시작했을 때처럼 오늘도 제게 말씀이 필요합니다.

예수님의 이름으로 기도합니다. 아멘."

* 당신이 하나님의 말씀을 더 자주 읽지 못하게 방해하는 것은 무엇인가?

* 하나님의 말씀을 당신의 삶에서 더 우선순위에 둘 수 있는 한 가지 방법은 무엇인가?

61

부르심에 응답하라

"내 의의 하나님이여 내가 부를 때에 응답하소서

곤란 중에 나를 너그럽게 하셨사오니

내게 은혜를 베푸사 나의 기도를 들으소서."

시편 4:1

"으아아아."

그날 아침, 또다시 휴대폰 진동이 울리자 나는 한숨을 쉬었다. 아침부터 이미 몇 개의 문자 메시지에 답을 했고 전화 통화도 했지만, 아직 정오도 안 되었다! 내 마음과 생각이 질주하기 시작했다.

'도대체 언제쯤이면 끝도 없는 할 일들을 다 끝낼 수 있을까?'

이번엔 또 누군가 싶어 휴대폰을 슬쩍 보았다. 화면에 뜬 번호는 익숙한 번호였다. 바로 우리 아버지였다! 아버지는 은퇴하신 분으로 시간이 많다. 나는 아버지의 스케줄이 나만큼 꽉 차 있진 않을 테니, 나중에 내가 좀 더 편할 때 전화를 드리면 될 거라고 생각했다. 그래서 아버지의 전화를 무시하고 다시 내가 해야 할 일들로 주의를 돌렸다.

해야 할 일들이 많이 있었는데, 그중 다수는 세속적인 일이었다. 그러나 또한 하나님나라를 세우는 사역 활동들도 있었다. 그건 성경공부 수업을 한 후에, 그날 늦게 있을 친구의 수술을 위해 기도하는 것이었다. 그렇게 내 하루는 사람들과 어떤 목적을 가진 일들로 꽉 차 있었다. 그런데 왜 그렇게 공허감을 느꼈던 걸까?

내 생각은 아버지에게 걸려온 전화로 다시 향했다. 은퇴자로서 아버지의 삶은 활동이 많지 않으니 나중에 언제든 이야기를 나눌 수 있을 거라 생각하고 아버지의 전화를 무시했던 적이 얼마나 많았던가? 그것은 때로 아버지가 내 삶의 뒷전에 계시다는 의미였다. 나는 무시하고 있었다.

이처럼 때로 무시당하는 것은 육신의 아버지들만이 아니다. 우리의 울부짖는 스케줄과 세상의 관계가 요구하는 일들 때문에 우리의 하늘 아버지를 뒷전으로 밀어둔 적이 얼마나 많았는가?

오늘의 성경 구절은 우리가 부를 때 너무 바빠 응답하지 않는 일이 절대로 없으신 사랑의 하나님을 묘사한다. 또한 하나님은 듣고 응답하실 뿐만 아니라 우리를 부르신다. 그런데 우리가 무시하는 것이다. 우리의 접속 문제는 우리에게 있다.

하나님은 우리와 깊고 친밀한 관계를 맺기 기다리며 갈망하고 계신다. 이런 관계를 위해서는 우리에게 단순한 변화가 한 가지 필요하다. 하나님을 우리의 해야 할 일과 통화 목록의 맨 위에 두는 것이다.

우리가 부르기만 한다면 하나님은 기꺼이 응답하신다. *Karen*

"사랑하는 하나님, 아무 방해 없이 교제를 나누자는
하나님의 부르심을 무시했던 저를 용서해주세요.
저는 지금 준비가 되었습니다. 말씀해주세요. 제가 듣겠습니다.
예수님의 이름으로 기도합니다. 아멘."

＊ 하나님께서 당신의 작업 목록을 내려놓고 그분과 교제하자고 부르시는 것을 느낄 때, 그에
응답하는 것을 우선순위로 삼겠는가? 당신은 이 영역에서 어떻게 개선될 수 있는가?

62

원하는 일이 이루어지지 않을 때

"세베대의 아들 야고보와 요한이 주께 나아와 여짜오되
선생님이여 무엇이든지 우리가 구하는 바를
우리에게 하여 주시기를 원하옵나이다."

마가복음 10:35

제자들은 예루살렘으로 가는 길이었다. 예수님이 앞으로 닥칠 일들에 대해 그들에게 말씀하시는 모든 것을 이해하려고 애쓰는 가운데, 야고보와 요한은 아마도 성경에서 대담했을 발언을 예수께 했다. 그것은 또한 최악의 발언이기도 하다!

예수님은 방금 전에 예루살렘으로 가서 이방인들에게 넘겨져 죽임을 당하셔야 한다고 그들에게 말씀하셨다. 예수님이 이런 이야기를 하시는 것을 그들이 처음 들은 것도 아니다. 그리고 좋은 소식은 예수님이 다시 살아나실 거라는 말씀도 있었다. 당시의 많은 유대인들처럼, 야고보와 요한은 자기들이 영광으로 들어가고 있다고 생각했다. 하나님이 그들의 적들을 물리쳐주시고, 이스라엘을 회복시켜주시고, 평화를 가져다주실 거라고 믿었다. 그리고 그들은 그 모든 일의 중심에 있을 것이고, 적어도 있기를 원했다.

예수님이 방금 하신 말씀에 대한 야고보와 요한의 주저 없는 첫 반응은 이 것이었다.

"무엇이든지 우리가 구하는 바를 우리에게 하여 주시기를 원하옵나이 다"(막 10:35).

정말 대담한 요구가 아닌가!

물론 그들은 예수님이 그들을 힘 있는 자리나 지위로 높여주시기를 원했다. 그들은 예수님과 함께 통치하기 원했다. 그러나 예수님은 그들이 먼저 예수님 을 위해 고난 받아야 한다는 것을 깨우쳐주셨다. 하나님은 그들이 원하는 대 로 해주지 않으실 것이다.

우리는 이 이야기에서 야고보와 요한의 요구에서 허점을 찾아내고, 그보다 더 조심스럽게 우리의 안건들을 하나님께 제시하려는 마음을 놓치기 쉽다. 우 리도 우리의 큰 계획, 기대, 자기중심적인 꿈들을 가지고 예수께 나아간다. 하 나님이 우리가 원하는 것을 해주지 않으실 때면 우리는 화를 내고 믿음을 잃 어버리거나 자기 스스로 일을 추진하려 한다.

성경은 "사람의 마음에는 많은 계획이 있어도 오직 여호와의 뜻만이 완전 히 서리라"(잠 19:21)라고 말한다.

오늘, 하나님이 원하시는 일을 하기로 마음을 정하라. 겸손하게 행하라. 하 나님이 당신을 인도하는 분이심을 기억하라.

하나님께서 우리가 원하는 것을 해주지 않으실 때, 그분은 더 좋은 일을 하 고 계신다. *Ruth*

"하나님, 하나님은 창조의 왕이십니다.

제 삶을 다스려주세요. 저를 겸손하게 해주세요.

하나님이 원하시는 일을 하도록 제 마음을 바로잡아주세요.

제가 조건이나 요구사항을 제시했던 것들을 용서해주세요.

하나님이 중심이시며, 저는 중심이 아닙니다.

하나님이 저를 인도하시는 곳과 방법이 더 좋고 지혜로운 것임을 알고,

하나님을 따르기 원합니다.

예수님의 이름으로 기도합니다. 아멘."

* 당신도 야고보와 요한과 동일한 요구를 한 적이 있는가?

* 하나님의 뜻을 행하려는 마음 자세를 갖기 위해 당신은 어떤 '안건'을 버릴 필요가 있는가?

63

누구를 초대할까?

> "그의 거룩한 처소에 계신 하나님은
> 고아의 아버지시며 과부의 재판장이시라
> 하나님이 고독한 자들은 가족과 함께 살게 하시며."
>
> 시편 68:5,6

"올해의 가장 멋진 순간!"

눈 내리는 크리스마스 이브 오후에 상점 스피커에서 익숙한 노래의 흥겨운 가사가 요란하게 울려 퍼졌다.

어딜 보나 사람들은 막바지 선물 구매나 휴일을 위한 베이킹 재료, 또는 그들의 크리스마스를 완벽하게 해줄 반짝이는 조명들을 찾고 있었다. 그러나 나는 가족 모임을 위해 내가 할당받은 치즈 포테이토 캐서롤을 만들 재료를 산후 계산대 줄에 서서 기다리고 있었다. 나는 목이 메였다.

'어떻게 모든 사람이 이렇게 행복할 수 있지? 왜 세상은 아무 일도 없었던 것처럼 돌아가는 거야? 내 친구 줄리는 자기를 필요로 하는 남편과 여덟 명의 아이들을 두고 어젯밤에 세상을 떠났는데 말이야. 아무도 상관없는 거야?'

나는 소리치고 싶었다. 그리고 그해 휴일은 취소되었으면 좋겠다고 생각했다. 나는 아무 기운이 없었고, 남은 세상 사람들은 그저 남들 따라 모든 행사를 즐기는 척해야 하는 것 같았다.

그해 이후로, 우리 가족은 많은 사람들에게 크리스마스가 한 해의 가장 멋진 시간이 아니라는 사실을 더 깊이 인식하게 되었다. 실제로 어떤 이들에게는 매우 고통스러울 수 있다. 대부분의 사람들이 그 시즌을 즐기며, 즐거운 광경과 소리와 향기에 심취해 있을 때, 어떤 이들은 고통으로 망연자실해 하며 그 기간을 경멸한다.

어려운 사람들 돕기에 긍정적이었던 내 이웃 한 사람은 한때 나에게 이렇게 말했다.

"휴일은 누군가의 삶을 더 좋게 만들어줄 수 있답니다."

그녀의 말이 맞았다! 사람들은 격려 받고 받아들여지기를 기다리고 있다. 독립기념일의 피크닉 시간이나 외롭게 보내게 될지도 모르는 발렌타인데이 저녁에도. 우리가 나 자신에게만 초점을 맞춘 부산스러운 움직임을 멈추고, 그들을 볼 수만 있다면 말이다!

우리가 예수님의 손과 발이 되어 다른 사람들을 향해 마음을 쏟을 때, 하나님은 우리가 많은 사람들의 삶을 밝히게 해주실 것이다. 우리는 시편 68편 5,6절에서 이야기하는 하나님의 사랑과 성품을 보여줄 수 있다. 하나님은 다른 사람들의 외로움에 관심을 가지고, 그 관심을 드러내는 행동을 취하신다. 우리는 다른 사람들을 우리의 삶 속으로 맞아들이고, 그들과 함께 식사나 커피 한 잔, 또는 그저 짧은 대화라도 나눌 수 있다.

휴일과 특별한 날들, 심지어 사소한 날들까지도 그들이 관심과 보살핌을 받고 있다는 것을 알게 해주면서, 그들의 날을 더 빛나게 만들어줄 구실로 활용해보자. *Karen*

"사랑하는 하나님, 이번 추수 감사절과 크리스마스 시즌에
누구에게 다가가야 할지 저에게 보여주세요.
제가 누군가의 삶을 더 풍요롭고, 충만하고,
덜 외롭게 만들어줄 수 있도록 도와주세요.
제가 주님의 손과 발이 되기 원합니다.
예수님의 이름으로 기도합니다. 아멘."

* 당신의 달력을 훑어보라. 혼자 있을 것 같은 사람을 초대할 수 있는 휴일이나 특별한 날이 있는가? 그 사람을 격려해주고 그 사람의 하루를 빛나게 해주기 위해 당신이 할 수 있는 일은 무엇인가?

64

정제

"고난당한 것이 내게 유익이라
이로 말미암아 내가 주의 율례들을 배우게 되었나이다."

시편 119:71

신앙의 깊이를 가늠할 수 있는 진짜 시험은 우리가 고난 받을 때다. 일이 잘 풀릴 때 하나님을 사랑하고 섬기는 것은 쉽다. 하지만 비가 조금 오거나, 난류가 있거나, 몇 개의 산을 넘어야 할 때면 많은 사람들이 자기가 하나님에 대해 진정으로 믿는 것, 또는 믿지 않는 것을 발견하기 시작한다.

힘들고 때로 어두운 시간들은 축하할 일이 아니다. 아무도, 적어도 제정신이라면 고난 받을 기회가 왔다고 기뻐하면 안 될 것이다! 하지만 우리는 고난 가운데 기뻐할 수 있고, 또 기뻐해야 한다(약 1:2,3). 왜 그런가? 하나님이 힘든 시기와 상황들을 사용하여 우리 안에서 그분의 가장 큰 일들을 이루시기 때문이다.

시련이나 고난이 우리의 성장을 보증해주지는 않는다. 고난을 통해 성장하려면 몇 가지 선택이 요구된다. 우리는 결정을 해야 한다.

'나는 이 시기에 무엇을 할 것인가? 이러한 상황에 어떻게 반응할 것인가? 하나님은 단지 내가 그것을 통과하기 원하실까, 아니면 그것을 통해 성장하기 원하실까?'

결정은 우리가 내려야 한다. 우리는 하나님이 고난 속에서 하시는 일을 거부할 수도 있고, 받아들일 수도 있다. 그로부터 배우라. 굴복하라. 무슨 일이 있어도 하나님을 믿으라. 신의를 지키라.

성경이나 역사 속에서, 올바르게 고난 받는 법을 예수님보다 더 잘 보여준 예는 없다. 물론 예수님은 죄의 본성을 극복할 필요가 없으셨다. 그분은 완벽하고 죄 없는 하나님의 아들이셨기 때문이다. 그러나 그분은 하나님의 도우심으로, 우리에게 올바르게 고난 받는 법을 보여주셨다.

히브리서 저자는 이렇게 말했다.

"그가 아들이시면서도 받으신 고난으로 순종함을 배워서"(히 5:8).

예수님은 고난 받으실 때 죄를 짓지 않으셨다. 하나님의 완전한 사랑과 뜻에 자신을 맡기셨다. 그분은 계속 순종하셨다. 좌로나 우로 치우치지 않으셨고, 죽기까지 충성하셨다.

하나님은 고난 속에서 우리를 정제하신다. 우리를 새롭게 만드시는 것이다. 하나님은 가장 중요한 것, 참으로 영원히 지속되는 것에 우리의 생명을 걸라고 가르치신다.

하나님이 일하시게 하겠는가? 힘들더라도 영혼을 변화시키고 영원히 지속되는 하나님의 역사에 굴복하겠는가? *Ruth*

"아버지, 아버지께서 저를 사랑하시는 것을 압니다.

하지만 주님의 사랑은 저를 지금 이 상태로 두지 않습니다.

시련 속에서도 하나님은 제 유익과 하나님의 영광을 위해

저를 만들어가십니다. 제가 굴복하도록 도와주세요.

신실하고 겸손하게 하나님과 동행하도록 저를 가르쳐주세요.

단순히 저를 변화시키지 마시고, 제 모든 것을 변화시켜 주세요.

예수님의 이름으로 기도합니다. 아멘."

* 고난 속에서 하나님을 의심하려는 유혹이 가장 강하게 다가오는 지점은 어디인가?

~~~~~~

~~~~~~

~~~~~~

~~~~~~

~~~~~~

* 하나님이 실제로 하고 계신 일에 어떻게 굴복하거나 협력할 수 있는가?

~~~~~~

~~~~~~

~~~~~~

~~~~~~

~~~~~~

65

입을 다물 수 없을 때

"네가 말이 조급한 사람을 보느냐
그보다 미련한 자에게 오히려 희망이 있느니라."

잠언 29:20

말을 너무 많이 함으로 인해서 당신의 입이 당신을 곤란에 처하게 하거나 심지어 죄를 짓게 만들었던 적이 있는가? 나에게는 분명 그런 일이 있었다!

몇 년 전 고등학교 농구 게임을 보면서 한 친구와 이야기를 나누다가, 우리의 17세 자녀들, 친구의 아들과 우리 딸 사이에 싹트기 시작한 새로운 관계에 대해 이야기하게 되었다. 공식적인 것은 아니었지만, 우리는 그 아이들이 서로 좋아한다는 것을 알고 있었다.

나는 남편과 내가 아이들에게 데이트나 결혼 상대를 고를 때 단지 외모만 보지 않도록 가르치기 위해 열심히 노력했다는 이야기를 했다. 어차피 우리는 모두 점점 더 못생겨지기 때문에 외모를 중시하면 안 된다고 농담처럼 말하곤 했으니 말이다. 나는 딸아이가 우리의 말을 듣고 외모만 좋은 게 아니라 경건한 특성들을 나타내고 멋진 성품을 가진 사람을 선택해서 얼마나 기뻤는지를 전달하려고 애썼는데, 어쩐지 그 친구는 자기 아들이 못생겼는데 우리 딸이 성격을 보고 사람을 골랐다는 걸 우리가 좋아한다고 생각했나 보다!

며칠이 지나서야 내가 감정을 잘못 전달했음을 깨달았다. 나는 친구에게서 자기 아들의 성격에 대한 에두른 칭찬이 상처가 되었다는 메시지를 받았다. 아들의 외모가 변변치 않다는 뜻을 내포하는 말로 들은 것이다.

나는 엄청 충격을 받았다. 나는 오해 받고 있다고 느꼈다. 그리고 진심으로 더 잘 알아가기를 원했던 사람과 우정에 금이 갔다. 모두 내 말 때문이었다.

즉시 나는 그 친구에게 사과하고, 내 두서없는 생각들이 잘못된 말로 나가기 전에 내가 정말로 말하고자 했던 것을 전하려고 전화했다. 그 잘못된 말이 오해와 갈등과 불쾌함으로 이어졌기 때문이다. 다행히 그녀는 내 사과를 받아주었고, 몇 년이 지난 지금도 친구로 잘 지내고 있다!

다른 사람을 불쾌하게 하거나 말로 죄를 범하고 싶지 않다면, 우리는 말을 통제하는 법을 배워야 한다. 상황이 악화됨을 알리는 성령의 부드러운 자극을 느낄 때, 우리는 단순하게 이렇게 말할 수 있다.

"죄송해요. 제가 너무 말을 많이 하고 있네요."

오늘의 성경 구절이 경고하듯이, 성급하게 말을 하지 않으려면 우리가 멈추어야 한다. 차분히 생각해야 한다. 필요하다면 어떤 말을 해야 할지 선택하게 도와주시길 하나님께 급히 기도 드려야 한다. 마음을 가라앉히고 성경 말씀에 몰두하는 묵상 시간을 갖는 것은 우리가 너무 빨리 대답하고 어리석게 보이는 것을 방지해줄 수 있는 훌륭한 습관이다.

그러므로 멈추라. 대답하기 전에 생각하고, 성급하게 말하여 관계를 위태롭

게 만들지 말라. *Karen*

"아버지, 제 입을 열어 말할 때마다

아버지의 사랑과 은혜를 나타내기 원합니다.

지속적인 결과들을 가져올 수 있는 해로운 말을 하기 전에

제 말의 속도를 늦추도록 도와주세요.

그리고 제가 잘못했을 때는 얼른 용서와 화해를 구하도록 도와주세요.

예수님의 이름으로 기도합니다. 아멘."

＊ 성급하게 말하는 것에 관하여, 1부터 10까지 점수를 매긴다면 자신에게 몇 점을 주겠
는가? 1점은 당신이 언제나 주의 깊게 자기의 말을 깊이 생각하는 것을 뜻하고, 10점
은 생각하기 전에 급히 말하는 것을 의미한다. 그 숫자를 낮출 수 있도록 도와줄 만한 사
람들과 이야기를 나누는 것처럼, 당신 자신에게 어떤 이야기를 해줄 수 있겠는가?

66

나를 따르겠느냐?

"내가 그리스도를 본받는 자가 된 것같이

너희는 나를 본받는 자가 되라."

고린도전서 11:1

그리스도인의 삶에서 우정은 선택 사항이 아니다. 그것은 우리가 살면서 부딪히는 모든 일을 견디게 해주는 데 필수적이다. 우리는 성부, 성자, 성령 하나님 안에서 완전한 공동체의 그림을 본다. 하나 됨, 사랑, 친밀감, 공동체에 대한 우리의 필요는 과거와 현재, 그리고 언제까지나 지속될 하나님의 본성을 비추는 것이다. 우리는 깊고 의미 있는 공동체를 이루기 위해 창조되었다.

　그러나 우정이 선물이 될 수 있는 만큼, 또한 위험해질 수도 있다. 하나님이 피난처, 수용, 지원, 격려의 장소로서 우리를 초대하시는 그 관계들이 우리를 몰락시키는 고약한 환경으로 바뀔 수 있다는 것이다.

　우리의 가장 가까운 친구 관계는 대개 우리가 가장 편안하게 느끼는 사람들과의 관계다. 거기서 우리는 경계심을 늦춘다. 우리의 실제 모습을 그대로 보여주어도 안전하다고 느낀다. 이는 우정의 좋은 특성들이지만, 우리는 거기서 우리와 관계 맺은 사람들을 세워주어야 한다는 사실을 잊어버릴 수 있다. 우리가 조심하지 않으면 우정이 험담과 이기심의 늪이 되고, 초점이 안으로 향하게 되기 쉽다.

그러므로 우정의 진짜 목적을 잊지 말자. 그것은 더욱더 그리스도를 닮아가는 것이다. 공동체는 그 자체가 목적이 아니다. 성장과 성숙을 위한 수단일 뿐이다. 하나님은 다른 사람들이 닮고 싶어 하는 친구로 당신을 사용하기 원하신다. 다른 사람들이 따르고 싶어 하는 친구. 하나님은 물론 당신이 친구 관계 속에서 사랑받고 격려받기를 원하시지만, 또한 당신이 주변 사람들을 끌어올려주길 원하신다.

예수님은 단지 공동체를 만들기만 하지 않으셨다. 그분에게는 사명이 있으셨다. 예수님은 그분과 함께 세상에서 하나님의 목적과 영광을 위해 살아가자고 다른 사람들을 초대하셨다. 사도 바울이 그랬던 것처럼, 우리는 그리스도의 본을 따르면서 겸손하게 다른 사람들에게 우리의 본을 따르라고 초청할 수 있다(고전 11:1).

당신은 주변 사람들을 더 좋게, 더욱더 그리스도를 닮게 만들고 있는가? 아니면 친구 관계 속에서 너무 편안해져서 다른 사람들이 당신을 끌어내리게 하고 있는가? 당신 안에서 역사하시는 성령님의 도움으로 고민하고, 기도하고, 대답하려고 노력해야 할 질문이 있다.

"당신이 만일 다른 사람이라면 당신을 따르겠는가?" *Ruth*

'하나님, 저는 하나님을 사랑하고 하나님의 은혜를 찬양합니다.

저를 구원해주시고 하나님과 친구가 되게 해주셔서 감사합니다.

다른 이들이 따를 만한 친구가 될 수 있도록 제게 지혜를 주세요.

제 친구 관계들을 다르게 바라보고 제 역할의 중요성을 알도록 도와주세요.

저를 따르는 이들에게 본이 되려고 노력하면서 예수님의 본을 따르기 원합니다.

예수님의 이름으로 기도합니다. 아멘."

∗ 친구 관계 속에서 너무 편안해지려는 경향을 발견하는가?

∗ 다른 사람들이 따를 만한 친구가 되기 위해, 지금 당신에게 가장 필요한 변화는 무엇인가?

67

집에 머물며 세상을 변화시키라

"또 이르시되 너희는 온 천하에 다니며

만민에게 복음을 전파하라."

마가복음 16:15

나는 열여섯 살 때 세상을 바꾸고 싶었다. 청소년 수련회에서 하나님을 알게 되고, 이제 막 하나님과 관계를 맺기 시작했을 때다. 얼마 후, 나는 선교에 중점을 둔 교회에 다니기 시작했다. 그들은 먼 땅에서 예수님에 대해 들을 필요가 있는 사람들의 이야기를 해주었다.

내 계획은 언젠가 나도 먼 곳으로 나가 그들을 돕는 것이었다. 그들에게 깨끗한 물이나 의약품을 가져다주거나 혹은 새로운 기술을 가르쳐줄지도 모른다. 그러나 나는 사람들에게 무엇보다 예수님의 복음을 전하고, 내가 사랑하는 하나님과 내가 내려놓을 수 없었던 성경을 소개해주고 싶었다. 그것이 내계획이었다. 혹은 그렇게 생각했다.

현재, 나는 집에서 한정된 예산과 중고 컴퓨터를 가지고 일을 하고 있다. 그렇지만 내 열정은 변하지 않았다. 나는 여전히 그리스도의 사랑으로 세상을 변화시키고 싶다. 감사하게도 하나님은 나에게 그 일을 하기 위해 집을 떠나지 않아도 된다고 알려주셨다.

당신도 그렇다. 우리는 바로 우리 집에서, 우리 동네에서 세상을 변화시킬 수 있다. 우리에게 필요한 것은 복음을 전하려는 열망과 온라인에서 다른 사람들과 접속할 수 있는 몇 가지 수단뿐이다. 그것은 마가복음 16장 15절에 나오는 "온 천하에 다니며 만민에게 복음을 전파하라"라는 임무에 동참할 수 있는 쉬운 방법이다. 여성들은 지역 성경공부 모임, 혹은 여성 그룹을 만들거나 웹사이트나 소셜 미디어 사이트에서 성경적인 내용을 나누기 위해 온라인에서 다른 사람들과 연합함으로, 함께 모여 세상에 예수님을 전할 수 있다.

인터넷은 강력한 개체다. 나쁘게 사용될 수도 있고, 좋은 일을 하는 데 사용될 수도 있다. 하나님은 전 세계에서 흥미진진한 일들을 행하고 계신다. 당신이 물리적으로 어느 곳에 가서 도울 수 없더라도, 하나님을 위해 세상에 선한 영향을 끼치고 있는 선교회와 기관들을 위해 기도함으로써 당신의 시간을 드릴 수 있다. 또는 재정적으로 후원할 수도 있다. 비록 그것이 깨끗하게 사용한 옷과 액세서리들을 팔아 그 돈을 자선단체에 기부하는 것을 의미하더라도 말이다.

우리는 깨끗한 물을 공급해줄 우물을 만들어주지 못하더라도, 복음을 전하는 단체와 협력함으로써 슬픔이나 죄에 빠진 여자들에게 그리스도 안에 있는 생명의 소망을 전할 수 있다. 우리가 직접 의약품을 나누어주진 못하더라도, 그 일을 하는 기관들이나 그들의 영을 온전케 해줄 수 있는 치유자 하나님을 바라보도록 가르치는 사람들을 재정이나 기도로 도울 수 있다.

당신의 집에서 소망과 도움과 생명을 공급함으로써 세상을 변화시키고 싶은가? 우리의 작은 집에서 '작은 것들'을 모아 드릴 때 하나님은 그것들을 큰 운동으로 바꾸사 지금, 또 영원히 사람들의 삶을 변화시키실 것이다. *Karen*

"사랑하는 하나님,

하나님께서 매일매일 제게 주시는 수많은 복들에 감사드립니다.

양식, 쉼터, 가족, 친구들. 제 작은 것을 취해서 하나님의 손길로 변화시키시고,

사람들이 그리스도의 복음을 경험하고 반응할 때

더 많은 사람들을 하나님나라로 데려오는 데 사용해주세요.

예수님의 이름으로 기도합니다. 아멘."

* 복음을 전하고 다른 사람들의 육체적 필요를 채워줌으로써 하나님나라를 위해 지속적인 영향을 끼치고 있는 몇몇 기관과 선교 단체들을 조사해보라. 전 세계에 변화를 일으키는 그들의 일을 돕기 위해 재정적으로, 영적으로 협력할 방법들을 찾아보라.

68

다른 종류의 평안

"평안을 너희에게 끼치노니 곧 나의 평안을 너희에게 주노라

내가 너희에게 주는 것은 세상이 주는 것과 같지 아니하니라

너희는 마음에 근심하지도 말고 두려워하지도 말라."

요한복음 14:27

한밤중에 우리 방으로 온 막내딸을 깨우지 않으려고 살금살금 발끝으로 걸어 방에서 나왔다. 막내는 예민해서 내가 언제 일어나는지 안다. 나는 아침형 인간이 아니지만, 가끔 일찍 일어나는 것이 내가 평온하고 조용한 시간을 가질 수 있는 유일한 기회다.

커피를 타서 소파에서 내가 제일 좋아하는 자리에 앉아 성경과 일기장을 더듬어 찾는다. 세상은 조용했다. 정말 조용했다. 그리고 평화로웠다. 하지만 딱 15분만이었다! 내 평안은 오자마자 곧 사라졌다. 우리 아이들이 일어났다. 개는 밖에 나가야 했다. 새날이 공식적으로 내 앞에 밝았다. 이러한 평안은 언제나 금세 지나가며, 예수님이 우리에게 주시는 평안과는 거리가 멀다.

예수님은 우리에게 다른 종류의 평안을 주신다. 요한복음 14장 27절은 예수님이 우리에게 주시는 평안은 세상의 평안과 다르다고 말한다. 세상이 주는 평안은 왔다가 간다. 그러한 평안이나 확신은 일시적인 것으로, 종종 돈, 지위, 관계, 또는 건강 같은 것들에 느슨하게 묶여 있다. 또는 다른 누군가가 깨기 전까지 조용히 커피 한 잔을 마시는 것과 같다.

그러나 예수님이 우리에게 주시는 평안은 하나님과 함께하는 평안이다. 그 것은 우리가 하나님께 속해 있기 때문에 괜찮고, 괜찮을 거라는 깊고 지속적인 느낌이다.

나는 하나님의 딸이다. 구원받고 용서받았다. 나는 하나님나라에 속해 있다. 그리고 삶에서 무슨 일이 일어나든, 하나님은 나와 함께하신다.

"너희는 마음에 근심하지도 말고 두려워하지도 말라."

예수님은 요한복음 14장 27절에서 이렇게 말씀하셨다. 예수님은 우리에게 다른 종류의 평안을 주신다. 그것은 우리가 이해할 수 없는 평안이다. 두려움이나 염려로부터 우리의 마음과 생각을 지켜주는 평안이다. 우리가 구할 때 하나님이 주시는 평안이다.

오늘 그 평안 가운데 쉬겠는가? *Ruth*

"아버지, 하나님의 아들이신 예수님을 선물로 주셔서 감사합니다.

저는 한때 주님의 적이었으나 주께서 십자가를 통해 저와 화해해주셨지요.

주께서 주시는 평안은 확신과 소망입니다.

주께서 저를 사랑하시고 구원해주셨습니다.

삶이나 죽음 안에 있는 그 어떤 것도 저를 주님으로부터 떼어낼 수 없습니다.

두려움과 염려로부터 제 마음과 생각을 지켜주세요.

오늘 제게 주님의 평안을 주세요.

예수님의 이름으로 기도합니다. 아멘."

＊ 당신이 가장 자주 평안을 얻고자 하는 곳은 어디인가?

~~~~~~

~~~~~~

~~~~~~

~~~~~~

~~~~~~

~~~~~~

~~~~~~

＊ 예수님이 주시는 평안은 세상의 평안과 어떻게 다른가?

~~~~~~

~~~~~~

~~~~~~

~~~~~~

~~~~~~

~~~~~~

~~~~~~

69

당신네 그리스도인들

"너희 관용을 모든 사람에게 알게 하라
주께서 가까우시니라."

빌립보서 4:5

나는 일반화와 고정관념을 질색한다. 그것은 한 그룹의 사람들을 한데 묶어서 각진 상자 속에 집어넣는 것이다. 이를테면 "_____(국적/인종)은 매우 ___하다 (나쁜 성격 특성)"라든가, "그 ___(연령대/성별/경제적 수준)들은 모두 매우 ____ 하다(이상한 습관/행동)" 같은 것이다.

가끔은 똑같이 취급되는 것이 칭찬이 될 수도 있다. 최근에 카페에서 줄을 서서 기다리는데, 약하고 나이 든 여인이 내 앞에 서서 음식을 주문하고 있었다. 그녀는 여기저기 뒤져서 잔돈을 찾고, 돈을 지불하고, 음식과 음료가 담긴 봉투를 주워들었다. 그 모습이 매우 힘들어 보였다. 그녀가 문을 향해 나갈 때 큰 가방이 그녀의 어깨에서 흘러내리는 바람에 거의 넘어질 뻔했고, 점심 식사로 산 음식들이 바닥에 다 쏟아질 뻔했다.

"이걸 어쩌지? 아, 정말, 어떡해…."

그녀는 혼자 중얼거리며 다시 중심을 잡고 짐을 들면서 동시에 문을 밀어서 열려고 했다.

나는 이제 막 줄의 맨 앞에 이르렀지만, 하나님께서 오늘의 성경 구절을 사용하여 내 마음을 두드리시며 순간적으로 내 일정을 바꾸게 하셨다. 나는 재빨리 줄에서 뛰어나갔다.

"저, 제가 들어드릴게요."

나는 문을 열고 그녀의 음료를 붙잡아주면서 말했다.

"제가 차까지 이 음식을 들어다 드릴까요?"

그녀는 걸음을 멈추었고, 그녀의 푸른 눈은 감사의 눈빛으로 나를 쳐다보았다.

"이런, 노인에게 이렇게 친절한 걸 보니 할머니가 아직 살아 계시나 봐요."

"아니요, 그건 아니에요."

나는 대답했다.

"전 단지 예수님을 사랑하는데, 예수님이 제가 할머니를 도와드리기 원하셔서요."

그녀의 얼굴이 부드러워졌다. 그녀는 고개를 끄덕이며 단호하게 말했다.

"역시 그렇군요! 당신네들은 항상 나에게 도움을 주었어요. 당신이 없었으면 큰일 날 뻔했어요."

'당신네들.'

그녀의 말은 '당신네 그리스도인들'을 의미하는 거라고 확신한다. 그 말을 들으니 다른 그리스도인들이 그녀를 어떻게 도와줬는지 궁금해졌다. 그녀의 식사를 챙겨주었을까? 가을에 그녀의 집 마당에 떨어진 낙엽을 청소해주거나 겨울에 집 진입로의 눈을 치워주었을까? 그녀를 차에 태워 병원에 데려다주 었을까?

그러고 보니 아주 오래된 진리가 생각났다. 사람들은 가르치지 않아도 보고 배운다. 그리고 그것은 사람들이 우리를 보고 있고, 한 그룹으로 묶고 있다는 것을 내게 입증해주었다.

다른 사람들은 우리 안에서 무엇을 보는가? 우리가 하는 모든 일 속에서 우리의 사려 깊은 모습을 보는가? 만일 사람들 눈에 보이는 것이 무신경하고, 정죄하고, 호전적인 그리스도인들뿐이라면 그와 같은 사람이 되고 싶겠는가?

이를 오늘의 기도로 삼자. 카페에서 만난 새 친구가 본 '당신네들'의 그룹 안에 그리스도를 따르는 우리가 포함되기를 기도하자. 사려 깊은 그리스도인들은 하나님과 그분을 믿는 신자들의 몸을 좋게 보이게 한다.

사람들은 보고 있다. 그리고 우리를 한데 묶는다. 그들은 당신 안에서 무엇을 볼 수 있을까? *Karen*

"시딩하는 하나님,

제가 사랑보다 정죄를, 친절보다 무례함을 선택하거나

옳은 일을 행하기보다 아무것도 하지 않기로 결정했던 것들을 용서해주세요.

제 마음을 움직이시고, 순간적으로 일정을 중단시키시더라도

제 행동들이 정확히 하나님이 어떤 분이신지를 나타내게 해주세요.

예수님의 이름으로 기도합니다. 아멘."

＊ 오늘 하루를 살아갈 때 당신이 사려 깊은 몸짓, 친절한 말, 또는 선한 행동으로 축복해줄

수 있는 사람을 찾아보라. 그들이 당신에게 감사할 때 모든 공로를 하나님께 돌리라. 당

신의 경험을 아래에 적어보라.

70

투명인간처럼 느껴질 때

"여호와는 그를 경외하는 자

곧 그의 인자하심을 바라는 자를 살피사

그들의 영혼을 사망에서 건지시며."

시편 33:18,19

나는 떠나기 전에 컴퓨터로 몇 가지 작업을 끝내려고 서두르고 있었다. 아이들은 거실을 치우고 있었고, 남편은 자동차 키를 찾고 있었다.

"거의 다 되었어."

나는 모두에게 알렸다.

"5분만 더 기다려줘!"

그때 막내딸의 흥분된 목소리가 들렸다.

"엄마, 엄마, 이것 좀 봐요!"

나는 아이의 목소리를 들었지만, 내 임무를 수행하는 중이었다. 그녀의 목소리가 조금 더 커졌다.

"엄마, 이것 좀 봐요!"

나는 고개를 들어 보았지만, 순간을 포착하지 못했다.

"봤어요?"

아이가 물었다. 아이의 손에는 요요가 매달려 있었다. 최근에 배운 새로운 기술을 성공적으로 해낸 것이다. 그런데 나는 그걸 보지 못했다! 아이는 다시 했다. 이번에는 아이에게서 눈을 떼지 않으려 했다.

아이들을 보면 우리가 얼마나 남에게 보여주고 싶어 하는지 알 수 있다. 남들이 알아주기를, 우리가 하는 일이나 우리 자신을 누군가가 기뻐해주기를 바라는 그들의 갈망은 사실 우리의 갈망과 동일하다. 우리가 섬기는 하나님이 쉽게 다른 데로 눈을 돌리시거나 너무 바빠서 우리를 주목하거나 보살피거나 기뻐하지 않는 분이 아니심을 알기 원한다.

시편 기자는 "여호와는 그를 경외하는 자 곧 그의 인자하심을 바라는 자를 살피사"(시 33:18)라고 말했다. 당신은 그것을 믿는가? 당신에게 하나님이 너무 바쁜 분이 아니라는 것을 확신하는가? 그분의 눈이 실제로 당신을 향해 있다고 믿는가?

그리스도 안에서, 하나님은 사랑과 인정과 기쁨으로 우리를 바라보신다. 아무도 우리를 보지 않는다는 생각이 들려고 할 때, 그 순간 하나님은 우리를 보고 계신다. 그리고 우리가 하나님을 바라볼 때, 하나님은 우리를 지켜보고 계신다.

당신은 지금 당신이 하는 일에 아무도 주목하지 않는 것처럼 느낄지 모르겠다. 하나님이 나타나셔서 당신의 기도에 응답해주시기를 기다리고 있는지도 모르겠다. 하나님이 당신을 떠나지 않으셨으니, 힘을 내라. 그분은 주의를 딴 데로 돌리거나 너무 바빠서 당신을 돌아보지 않는 분이 아니시다. 또한 주님은 분명히 당신을 잊지 않으셨다. 당신은 혼자가 아니다. 하나님께서 그분의 사랑의 렌즈를 통해 당신을 바라보시기 때문이다. *Ruth*

"아버지, 저를 봐주셔서 감사합니다.

하나님은 저를 주목하십니다. 저를 기뻐하십니다.

저를 잊지 않으셨고, 결코 너무 바빠서 저를 보살피지 않는 분이 아니십니다.

제가 혼자가 아니라는 걸 깨닫게 해주세요.

다른 사람들이 무엇을 보든 간에,

하나님은 온전히 저를 보신다는 사실로 격려받기 원합니다.

하나님은 사랑과 인정의 눈빛으로 저를 바라봐주십니다.

예수님의 이름으로 기도합니다. 아멘."

* 당신은 어떤 식으로 다른 사람들의 시선을 구하는가?

* 하나님의 눈이 당신을 향해 있음을 떠올릴 필요가 있는 삶의 영역은 어디인가?

71

까칠하지 않고 친절하게

"입을 열어 지혜를 베풀며 그의 혀로 인애의 법을 말하며

자기의 집안일을 보살피고 게을리 얻은 양식을 먹지 아니하나니

그의 자식들은 일어나 감사하며."

잠언 31:26-28

어느 화창한 봄날, 친구와 나는 우리의 아이들과 함께 집 뒷마당에 앉아 있었다. 아이들은 레모네이드를 마시며 색칠공부 책으로 행복하게 작품을 만들고 있었다.

그런데 정리하고 집 안으로 들어갈 시간이 되었을 때, 나는 무서운 광경을 보았다. 친구의 딸아이 하나가 크레파스 대신 집에 있던 유성펜을 들고 색칠을 하고 있었던 것이다. 그것도 새로 산 피크닉 테이블에! 심지어 일곱 살짜리 아이는 최선을 다해 자기 이름까지 적어놓았다.

나는 새로 산 테이블이 지워지지도 않는 빨강색과 보라색 낙서로 가득해진 것에 화가 났다. 당장 목소리를 높여 고함을 치며 불쾌감을 표출하고 싶었다. 하지만 그러지 않았다. 대신 몸을 숙이며 부드럽게 친구의 딸아이에게 말했다.

"오, 켈리. 색칠할 때는 유성펜이 아니라 크레파스를 사용하면 좋겠구나. 그건 집 안에 다시 가져다 두겠니? 그래주면 고맙겠는데."

우리 큰아이는 내가 그 상황에서 그렇게 부드럽고 차분한 목소리로 대응하는 모습을 보고 입이 떡 벌어졌다. 그리고 모두에게 들릴 만큼 큰 소리로 이렇게 말했다.

"뭐야! 켈리, 넌 진짜 운이 좋은 거야. 우리한테는 어림도 없어. 만약에 우리가 그랬으면 엄마가 무시무시하게 소리를 질렀을 걸!"

이런. 우리 딸은 단지 내 삶에서 보았던 사실을 그대로 말했을 뿐이다. 나는 같은 집 안에 사는 이들에게는 화를 참지 못하지만, 다른 이들을 대할 때는 어떻게든 침착하려고 애를 쓴다.

오늘의 말씀, 잠언 31장 26절은 한 여인의 행동을 묘사한다.

"입을 열어 지혜를 베풀며 그의 혀로 인애의 법을 말하며."

우리에 대해서도 이렇게 말할 수 있을까? 아니면, 리얼리티 방송의 리포터가 우리가 가족이나 룸메이트에게 말하는 모습을 포착하고는 "그녀는 날카로운 말들을 쏘아댑니다. '왜 이건 못해?'리든가 '그길 했어야지!'라는 말들이 분노에 찬 그녀의 입에서 쏟아져 나옵니다"라고 말할 것 같은가?

이 성경 구절에서 언급된 여자도 그렇게 말했을까? 아니다. 그녀는 인자하게 말했다. 당신이 모르는 사람과 이야기할 때 사용하는 목소리 톤으로. 그녀는 까칠하지 않고 친절했다.

그날 내 행동에 대한 비난을 받은 나는 우리 아이가 지적한 사실을 모두 인정했다. 아마 우리 모두가 사랑하는 이들과 상호작용을 할 때 사납게 덤비기 전에 잠시 멈추고, 다른 사람들에게 하듯 정중히 대하는 법을 배우면 좋을 것이다. 오늘, 우리와 함께 사는 이들에게 까칠하게 대하지 말고 친절하게 대하는 것을 목표로 삼자. *Karen*

"사랑하는 하나님, 저는 사람들을 정말 사랑하고 싶습니다.
하지만 제가 그렇게 하려고 노력할 때 제 말과 행동들이
확실히 하나님을 기쁘게 해드리기 위해서 잠깐 멈출 수 있도록 도와주세요.
예수님의 이름으로 기도합니다. 아멘."

* 최근에 친절하기보다 까칠하게 대했던 사람이 있는가? 당신의 불친절한 행동에 대해
 하나님께 용서를 구하는 간단한 기도를 여기에 적어보라. 그리고 심호흡을 한 다음, 그
 사람에게 다가가 당신의 잘못을 인정하고 용서를 구하라.

72

감정의 지배를 받지 말라

"죄로부터 해방되어 의에게 종이 되었느니라."

로마서 6:18

감정은 부당한 평가를 받을 수 있다. 감정들이 나를 지배하려 할 때 그것들을 거듭 억누를 필요가 있었다 해도, 사실 감정은 적이 아니다. 하나님은 우리가 생각하고, 느끼고, 행동하도록 만드셨다. 우리가 그 감정들을 가지고 무엇을 하느냐가 그 감정들의 중요도를 결정한다.

시편은 하나님이 우리의 솔직하고, 때로는 노골적이기까지 한 감정들을 다루실 수 있을 만큼 크신 분임을 보여주는 좋은 예다. 감정을 묻어두는 것은 영혼에 위험할 수 있다. 하지만 감정의 노예가 되는 것은 더 위험하다.

우리는 해소되지 않은 분노나 원망이 서서히 우리의 기쁨과 평안을 갉아먹게 할 수 있다. 두려움이 우리의 만족감을 빼앗아가게 할 수 있다. 자기 연민에 빠져 그리스도가 우리를 사랑하신 것처럼 다른 사람들을 사랑하지 못할 수 있다. 또는 해결되지 않은 과거의 상처들이 미래에까지 우리를 따라와서, 우리보다 앞서간 자들의 죄를 반복하도록 이끌 수 있다.

그러나 좋은 소식이 있다. 곧 우리가 죄에서 해방되었다는 것이다. 거기에는 우리의 감정들이 우리를 다스리게 하는 죄도 포함된다.

성경에서 죄는 종종 분리로 묘사된다. 우리의 죄는 우리를 하나님 사랑과 이웃 사랑에서 멀리 떼어놓을 수 있다. 또한 죄는 노예 상태로 묘사되기도 한다. 죄나 억제되지 않은 감정이 절대 지킬 수 없는 약속을 하며 우리를 지배할 수 있다.

사도 바울은 로마서 6장 18절에서 우리에게 좋은 소식을 상기시켜주었다. 비록 죄가 실제로 존재하더라도, 예수님이 그 죄의 힘을 파괴하셨다는 것이다. 우리가 죄를 범하는 것은 어쩔 수 없어서가 아니라, 죄를 선택하기 때문이다. 우리는 자유롭게 하나님을 사랑하고 섬길 수 있다. 그분은 우리 안에서 역사하시는 성령을 통해 사랑과 기쁨과 평안을 가져다주시는 통치자이시다.

당신은 감정의 노예가 되지 않아도 된다. 당신이 나와 같다면, 아마 매일같이 선택을 해야 할 것이다. 하나님의 통치에 마음을 열고 굴복하겠는가, 아니면 내 감정들이 나를 지배하게 할 것인가?

오늘, 하나님의 성령을 따르기로 선택하라. 당신이 느끼는 감정에 대해 하나님께 솔직하게 고백하라. 그리고 당신의 감정이 아니라 하나님이 당신을 다스리시게 하라. *Ruth*

"하나님, 저를 살피시고 제 마음의 어느 부분에서
너무 많은 것들이 제 삶을 지배하도록 허용하고 있는지 보여주세요.
그것들을 주께 고백합니다. 주께 굴복합니다. 주의 성령으로 저를 채워주세요.

그리스도 안에서 제 것이 된 새 생명 안에서 행할 수 있도록

주의 능력을 제게 부어주세요.

예수님의 이름으로 기도합니다. 아멘."

＊ 당신의 감정들은 어떤 식으로 당신을 지배한다고 느끼는가?

_____

_____

_____

_____

_____

_____

＊ 어떻게 하면 하나님의 통치에 굴복하고 당신의 감정들에 굴복하지 않을 수 있을까?

_____

_____

_____

_____

_____

_____

_____

73

뜨거운가, 차가운가, 미지근한가?

"내가 네 행위를 아노니

네가 차지도 아니하고 뜨겁지도 아니하도다

네가 차든지 뜨겁든지 하기를 원하노라

네가 이같이 미지근하여 뜨겁지도 아니하고 차지도 아니하니

내 입에서 너를 토하여 버리리라."

요한계시록 3:15,16

접이식 의자? 체크!

여분 담요? 체크!

냉기를 막아줄 뜨거운 음료? 체크!

그날은 우리 아들이 속한 야구팀의 개막일이었다. 나는 흠잡을 데 없이 완벽한 시간을 만들기 위한 품목들을 모두 챙겨서 야구장으로 향했다. 이제 내가 할 일은 가만히 앉아서 우리 아들이 스트라이크를 던지고 공을 치는 것을 보면서 환호성을 지르며 응원하는 것뿐이었다(음, 나는 그런 여자다)!

그런데 경기가 시작된 지 몇 분 안 되었을 때, 음료를 차에 두고 온 것이 생

각났다. 나는 그것을 가지러 주차장으로 다시 걸어갔다. 경기장으로 돌아와 내 자리에 앉아 근처 카페에서 주문 제작해 사온 카페라떼를 한 모금 마셨다. 이 추운 날, 뜨거운 음료를 마시는 것을 얼마나 기대해왔던가! 그런데 지금 커피는 뜨겁지 않았다. 미지근했다. 그리고 그렇게 맛있지도 않았다.

분명 뜨거울 땐 맛있었다. 만약 차가웠어도, 햇볕이 뜨겁게 내리쬐는 7월의 야구경기장에서 얼음과 함께 마셨다면 정말 상쾌했을 것이다. 그러나 지금, 미지근한 커피는 단조롭고 맛도 없었다.

오늘의 성경 구절은 하나님이 라오디게아 교회에 대해 똑같은 문제를 지적하셨음을 말해준다. 그들의 믿음이 뜨겁지도 차갑지도 않으며 기대를 저버리는 미지근한 온도가 되었기 때문에 하나님은 그들을 버릴 준비를 하셨다. 뜨거운 온도와 차가운 온도의 해석에 대해 다양한 관점들이 있지만, 예수님의 말씀은 단순하고 명백하다.

"네가 차든지 뜨겁든지 하기를 원하노라"(계 3:15).

이 말씀을 도전으로 여기기 바란다. 하나님은 미지근한 사람을 필요로 하지 않으시니, 우리는 죽어가는 세상에 생기와 치유를 가져다주는 사람들이 되자. 우리의 생각과 행동들이 우리에게 무심하거나 따분한 사람이라는 꼬리표를 붙이지 않게 하자. 어쨌든 우주의 하나님이 인생이라는 큰 경기 안에서 우리를 지켜보고 계신다. 우리 자신에게로 관심을 끌지 않고 오로지 다른 사람들이 하나님을 바라보게 하려는 우리 마음의 갈망과 행동들로 하나님을 기쁘게 해드리기 바란다! *Karen*

"사랑하는 하나님, 제가 영적 삶에서 계획을 가지고 행하며

현실에 안주하지 않도록 저를 가르쳐주세요.

제 말과 생각과 행동들이 하나님을 기쁘게 해드리며,

미지근하다고 여겨지지 않게 해주세요.

예수님의 이름으로 기도합니다. 아멘."

* 오늘, 당신의 말을 듣고 힘을 얻을 사람을 알고 있는가? 또는 그들과 당신의 관계에 치
유를 가져다주는 말들은 어떤 것인가?

74

당신에겐 소명이 있다

"우리에게 주신 은혜대로

받은 은사가 각각 다르니."

로마서 12:6

많은 사람들이 자신의 소명을 찾기 위해 애쓴다. 그것은 발견하기 힘들고 어려운 것처럼 보일 수 있고, 그것을 찾다가 낙담하는 이들도 많다.

다행히 성경은 소명에 대해 많이 이야기하고 있다! 하나님으로부터 오는 소명은 그분께 돌아오라는 초청이다. 믿음으로, 그리스도 안에 있는 하나님의 은혜와 사랑에 응답하라는 것이다. 가장 중요한 소명은 우리의 죄로부터 구원받고, 용서받고, 우리를 지으신 하나님께 받아들여지고, 조건 없이 사랑을 받는 것이다. 이것은 하나님의 보편적인 소명, 모든 사람에게 있는 모습 그대로 오라는 초청이다. 그러나 그 모습 그대로 머물러서는 안 된다.

또한 성경은 좀 더 독특한 형태의 소명에 대해 이야기한다. 그것은 하나님이 우리에게 주신 은사들에 근거하여 우리 각 사람에게 주어지는 것이다. 여기에는 우리의 열정, 경험, 교육, 기술, 망가진 세상에 대해 하나님이 주신 마음이 포함된다. 하나님은 우리가 하나님의 영광과 주변 사람들의 유익을 위해 우리의 삶을 잘 관리하도록 돕기 위해 각 사람에게 소명을 주셨다.

당신은 세상에 내어줄 것이 있다. 그것은 단지 당신이 훌륭하기 때문만이 아니라 하나님이 은혜로우시기 때문이다. 하나님은 당신을 부르셨으며, 성령으로 당신에게 능력을 주시고, 예수님의 이름으로 다른 사람들을 사랑하고 섬길 기회들로 당신을 이끄실 것이다. 당신의 소명은 다른 사람들을 이끌고 돕는 것일지도 모른다. 어쩌면 그것은 보이지 않는 곳에서 섬기는 은사일 것이다. 하나님은 우리를 부르셔서 힘들어하는 사람들에게 자비와 긍휼을 보여주라고 하신다. 우리는 가르치도록 부름을 받는다. 후히 나누도록 부름을 받는다. 낙심에 빠진 사람들을 격려하고 세워주라고 부름을 받는다.

하나님은 그분의 선하심으로, 불완전한 사람들을 통해 그분의 완전한 목적들을 이루기로 하셨다. 하나님은 우리를 지켜보는 세상에 하나님을 나타낼 수 있도록 우리를 부르셔서 그분과 동행하게 하신다. 우리의 삶은 중요하다. 삶은 의미와 목적으로 가득하다. 우리를 사랑하시고, 우리를 특별히 부르셔서 그분께 쓰임 받게 하신 하나님이 계시기 때문이다! *Ruth*

"아버지, 예수님을 믿음으로 아버지와 관계를 맺도록 불러주셔서 감사합니다.

세상에서 하나님의 목적을 이루는 데 제가 필요한 것은 아니지만,

하나님께서 저를 원하신다는 것을 압니다.

하나님은 제게 은사와 능력들을 주셔서

하나님과 다른 사람들을 위해 쓰임 받게 하셨습니다.

하나님이 저를 어떻게 특별하게 만드시고

은사를 주셨는지를 계속해서 제게 보여주세요.

예수님의 이름으로 기도합니다. 아멘."

* 당신이 가장 열정을 느끼는 일은 무엇인가? 같은 교회의 성도들이 당신 안에 어떤 은사
나 기술들을 가지고 있다고 해주었는가?

* 하나님이 당신에게 믿음으로 나아가 그분의 영광을 위해 사용하라고 명하시는 은사가
당신에게 있는가?

75

빈 화면의 축복

"너희는 내 얼굴을 찾으라 하실 때에 내가 마음으로 주께 말하되
여호와여 내가 주의 얼굴을 찾으리이다 하였나이다."

시편 27:8

나는 평소처럼 짜증스러운 태도로 동네 피트니스 센터의 주차장으로 들어갔다. 나는 운동을 싫어한다. 물론 운동을 마치고 나면 기분이 좋다! 하지만 여전히 나는 매번 두렵다.

다행히 내가 운동을 하는 곳에는 러닝머신, 자전거 등 다양한 운동 기구에 케이블 방송이 나오는 화면이 달려 있다. 사람들은 그걸 보면서 시간을 보내는 데 도움을 받는다. 단, 자신의 이어폰을 갖고 오는 걸 잊지 않았다면 말이다. 바로 이날, 하필 나는 이어폰 가져오는 걸 잊었다.

소리가 다 들릴 만큼 크게 한숨을 쉬며 러닝머신에 올랐다. 평소처럼 뉴스를 보지도 않고 텅 빈 화면만 보면서 어떻게 45분 이상 운동을 할 것인가? 정말 고역일 것이다. 얼마나 지루할까? 다른 사람들이 웃으며 TV를 보는 동안, 나는 아무것도 없는 빈 화면만 보고 있을 테니 말이다.

그때 하나님이 그동안 나를 밀어 넣고 계시던 한 영역을 떠올리게 하셨다. 바로 기도였다. 여기서 기도는 내가 적어둔 기도제목들을 꺼내서 밤에 자리에 눕기 전에 재빨리 하는 기도를 말하는 것이 아니다. 마음속으로 가족의 이름을 하나하나 불러가면서, 흔히 하는 "그들을 축복하소서, 주여"라고 요청하는 것이 아니다. 무엇이든 내 마음에, 또는 하나님이 주시는 것들에 대해 정직하게, 마음을 집중하여, 천천히 하나님과 대화를 나누는 시간이다. 어쩌면 내가 실수로 이어폰을 가져오지 않은 것이 좋은 일의 시작이었는지도 모른다.

나는 거의 한 시간 동안 내 앞의 빈 화면에 예수님이 계신 것을 상상했다. 내 모든 관심은 그분께 향했다. 예수께, 그분이 내게 가르쳐주시는 것에, 그리고 내가 예수님으로부터 절실하게 받기 원하는 것에 마음을 집중하려 했다.

나는 마음속으로 사랑하는 친구와 대화하듯이 예수님과 대화를 나누었다. 내 생각들을 쏟아냈다. 내 관심사들을 나누었다. 내 모든 잘못된 태도와 행동들을 보여 달라고 간구했다. 그 시간 동안 끈기 있게 예수님을 상상하며 귀를 기울이고 관심을 기울였다. 나는 예수님과 함께 보낸 그 시간이 세상의 소식을 듣는 한 시간보다 훨씬 더 내게 유익하다는 것을 알았다.

오늘의 성경 구절은 우리에게 주님의 얼굴을 찾으라고 말한다. 그날 내가 했던 것이 바로 그것인 것 같았다.

오늘, 단 10분 정도라도 아버지의 얼굴을 구하며 시간을 보낼 수 있겠는가? 집중을 방해하는 모든 것들을 무시하고 오로지 하나님께 시선을 집중하면서 말이다. 그렇게 보낸 시간은 당신이 예수님과 좀 더 가까워지고 그분과 함께 하는 삶이 더 깊어지도록 도와줄 것이다. *Karen*

"사랑하는 주님,

평소에 빈둥거리며 보내던 시간을

하나님께 집중할 기회로 여기도록 도와주세요.

주님이 언제나 기다리고 계신 것을 압니다.

예수님의 이름으로 기도합니다. 아멘."

* 당신은 자세하게 적은 기도제목 없이, 그저 친한 친구에게 하듯이 당신의 생각과 관심

사들을 주께 털어놓는 기도의 시간을 얼마나 자주 보내고 있는가? 이것이 때로 우리에

게 생소하게 느껴지는 이유는 무엇인가?

76

온갖 보물이 가득한 집

"집은 지혜로 말미암아 건축되고 명철로 말미암아 견고하게 되며
또 방들은 지식으로 말미암아 각종 귀하고 아름다운 보배로 채우게 되느니라."

잠언 24:3,4

악순환이다. 네 명의 아이들(두 명의 십대를 포함하여), 큰 개, 햄스터 두 마리와 함께 살아가는 우리 집에서는 깨끗이 청소를 하는 순간 모든 것이 다시 원상태로 돌아가기 시작하는 것 같다! 내가 그림같이 완벽한 집을 갖지 않아도 괜찮다고 느끼기까지는 몇 년이 걸렸다.

깨끗한 집을 갖는 것은 잘못된 일이 아니다. 우리는 하나님이 우리에게 주신 공간의 질서와 아름다움을 유지하기 위해 열심히 노력해야 한다. 하지만 우리의 목적이 완벽한 집을 갖는 데 있어서는 안 된다.

나는 우리 집이 가족을 위한 안식처요, 피난처이자 쉼터가 되길 바란다. 엉망진창인 상태에 굴복하는 건 원치 않지만, 언제나 깨끗하고 정돈된 집을 갖는 것보다 더 중요한 것은 하나님이 거하시는 집이라고 생각한다. 어쨌든 집은 그냥 바라보는 곳이 아니라 사는 곳이어야 한다.

나는 잠언에 나오는 "집은 지혜로 말미암아 건축되고"(24:3)라는 말씀을 사랑한다. 우리는 다른 사람들에게 감명을 주기보다 하나님을 높이는 가정환경을 만들어가야 한다. 각자의 방을 보기 좋고 유행하는 물건들로 가득 채우는 대신, 우리 집을 "각종 귀하고 아름다운 보배"(4절)로 가득 채워야 한다.

'각종 귀하고 아름다운 보배'는 물질적인 소유물이 아니라, 우리 가족을 위한 영적인 복들을 말한다. 우리가 가정을 하나님의 목적을 위해 사는 곳으로 만들어갈 때, 우리는 믿음의 기초를 놓고 있는 것이다. 그것은 예수님이 중심에 계시는 집이다. 하나님을 사랑하고 서로 사랑하는 것이 가장 중요한 집이다.

보이는 것을 중요시하는 문화에서, 다른 사람들에게 감명을 주는 데 전념하지 말라. 당신의 집으로 하나님을 높이려 하라. 하나님의 임재가 느껴지고 그분의 목적을 추구하는 환경을 만들어가라. 당신의 집에서 가장 중요한 영향력은 당신의 집이 어떻게 보이느냐가 아니라, 당신의 삶의 목적이 되시는 분이다. *Ruth*

"성령님, 오셔서 저희 집 가득 채워주세요.

이곳을 가족과 친구들을 위한 쉼터와 피난처로 만들어주세요.

겉으로 보이는 모습보다, 제가 누구를 위해 살고 있는지를 생각하기 원합니다.

저희 집을 지혜롭게 세우고,

주의 말씀의 진리와 약속들로 각 방을 채우도록 저를 가르쳐주세요.

예수님의 이름으로 기도합니다. 아멘."

* 당신은 어떤 면에서 집의 겉모습에 지나치게 신경을 쓰는가?

* 어떻게 하면 당신의 집을 "각종 귀하고 아름다운 보배" 또는 축복으로 가득 채울 수 있을까?

77

도구, 장난감, 곁길?

"나의 앞날이 주의 손에 있사오니
내 원수들과 나를 핍박하는 자들의 손에서 나를 건져 주소서."

시편 31:15

나는 소셜 미디어와 애증의 관계다. 가족이나 친구들과 나를 이어주는 면에서는 좋다. 내 아이들을 잘 보살피게 해주고, 사고가 나거나 아플 때 기도제목을 올려 나눌 수도 있다. 그리고 예전 친구들과 다시 연락할 수도 있게 해주어서 좋다. 하지만 싫은 점도 있다. 별다른 신경을 쓰지 않거나 어떤 경계선을 정해두지 않으면, 소셜 미디어는 거대한 블랙홀이 될 수 있다. 가장 중요한 것에 쏟아야 할 관심을 다른 데로 돌리며 내 시간과 에너지를 잡아먹기 때문이다.

나는 나 자신에게 이렇게 질문하도록 배웠다.

"이것은 도구인가, 장난감인가, 또는 곁길인가?"

인터넷은 대체적으로 너무나 좋은 도구다. 하나님과 선한 일을 위해 사용될 수 있다. 이를 테면 힘들어 하는 가족을 위해 식사를 준비하거나 온라인 성경 공부에 참여하는 데 유용하다. 그러나 나쁘게 사용될 수도 있다. 사이버폭력,

불륜, 다른 사람들에 대한 우리의 불만을 공개적으로 신랄하게 드러내는 것 등이다.

인터넷은 장난감이 될 수도 있다. 장난감은 잘못이 없다. 우리에게는 약간의 재미와 휴식이 필요하다. 만일 우리가 적절한 온라인 게임을 즐긴다면 그것도 좋다.

정도를 넘는 것은 온라인 활동이 곁가지가 될 때다. 이것은 우리의 우선순위와 책임들로부터 궤도를 이탈하게 하는 갑작스러운 방향 전환을 뜻한다. 곁가지들은 우리의 시간을 태우고, 우리의 힘을 약화시키며, 우리로 하여금 사랑하는 이들을 소홀히 하게 만든다. 그것은 실제로 우리가 아무것도 이루지 못하고 있는 데도 생산적인 어떤 일을 하고 있다는 잘못된 느낌을 준다. 그래서 우리가 얼마나 많은 시간을 허비해 왔는지를 깨닫는 순간, 절망과 패배감, 심지어 죄책감까지 느끼게 된다.

시편 31편 15절에서 시편 기자는 자기의 시간을 하나님의 손에 맡기며 그의 원수들로부터 구원해달라고 간구한다. 그는 자신을 해칠 수 있는 육체적인 원수들에 대해 말하고 있지만, 우리는 우리의 도구, 장난감, 곁가지들이 우리를 해칠 수 있다는 것을 알아야 한다.

나에게도 나를 궤도에서 벗어나게 하고, 가족과 집안일을 소홀히 하게 만든 나만의 곁길들이 있었다. 그리고 이런 상황들은 나를 실패자처럼 느끼게 만들었다.

어쩌면 당신도 똑같은 일을 경험하고 느꼈을 것이다. 오늘, 기도하면서 주의 깊게(정말 정직하게), 온라인에서 시간을 보내는 자신에게 물어보자.

"이것은 도구인가, 장난감인가, 혹은 곁길인가?"

이렇게 건강한 경계선을 정해 놓으면, 패배의 적을 이기고 불필요한 좌절감을 차단할 수 있다. 중요한 관계들과 하나님이 우리에게 맡기신 일들을 위해 시간을 낼 수 있으며, 의미 있는 삶을 살 수 있다. *Karen*

"사랑하는 주님, 제 시간을 지혜롭게 사용하여

하나님을 높이고 곁길로 새지 않도록 저를 가르쳐주세요.

하나님나라의 일을 위해 유능하고 효율적인 사람이 되기 원합니다.

예수님의 이름으로 기도합니다. 아멘."

* 사실 확인: 소셜 미디어에서 보내는 시간이 당신에게 도움이 되는 것이 아니라 실제로 해로운 곁가지가 되는 일이 얼마나 자주 있는가? 이는 하루의 많은 시간을 낭비하게 만든다. 어쩌면 지금이 중요한 행동을 취해야 할 때인지도 모른다. 소셜 미디어의 과도한 사용을 절제하도록 도와줄 만한 친구에게 도움을 요청하라. 또는 당신이 이런 다양한 활동에 쓰는 시간을 추적하여 알려주는 앱을 설치하라. 여기에 당신의 행동 계획을 적어보자.

78

시기심이 기쁨을 빼앗을 때

"그러므로 모든 악독과 모든 기만과 외식과 시기와

모든 비방하는 말을 버리고."

베드로전서 2:1

별생각 없이 나의 소셜 미디어를 훑어보았다. 나는 그저 딸아이의 치과 치료가 끝나기를 기다리며 시간을 보내고 있었다. 휴가, 친구들과의 생일 파티, 밤 데이트 등의 사진들을 보았다.

사실, 우리는 시기심이 얼마나 빨리 마음에 침입하여 우리의 기쁨을 빼앗아 가는지 쉽게 알 수 있다!

시기심은 다른 사람이 가진 것을 갖고 싶어 하는 엉큼하고 성가신 갈망이다. 마땅히 우리의 것이 아닌 것을 소유하려는 갈망이다. 시기심은 우리에게는 닫혀 있지만 어떤 친구나 동료에게는 열려 있는 문에 대한 슬픔처럼 보일 수 있다. 그것은 우리가 이루지 못한 승진일 수도 있다. 또는 더 건강하게 보이는 어떤 사람의 결혼생활이나 더 예의 바르게 보이는 아이들 때문에 느끼는 실망감일 수도 있다.

분노, 억울함, 또는 다른 사람들과의 경쟁심을 느낄 때, 우리는 시기심과 싸우고 있는 것이다. 그러나 하나님은 우리에게 훨씬 더 좋은 것을 바라신다. 그분은 안정된 영혼, 즉 하나님이 그리스도 안에서 우리를 위해 하신 일의 선함과 은혜에 뿌리내린 영혼을 원하신다.

잠언의 저자가 말했듯이 "평온한 마음은 육신의 생명"이다(14:30). 평온한 영혼에게는 기쁨과 감사가 있다. 그러나 "시기는 뼈를 썩게 한다"(30절). 그렇다면 우리는 어떻게 '평온한 마음'을 가질 수 있을까? 자신에게서 시기심을 없애는 것부터 시작하라. 우리는 늘 갖지 못한 것을 보면서 부러워한다. 그렇기에 우리가 가진 것과 우리에게 넘치도록 주어진 것들에 초점을 맞춤으로써 그것과 싸울 수 있다.

우리의 기쁨과 만족은 환경 속에서 발견할 수 있는 게 아니다. 우리가 얼마나 많이 가졌고, 얼마나 친구들이 많은가에서 발견할 수 있는 게 아니다. 평온한 마음은 훨씬 더 깊은 곳에 뿌리를 내리고 있다. 그것은 우리가 받을 자격이 없으나 하나님이 우리를 위해 하신 일에 뿌리를 두고 있다. 평온한 마음은 다른 어떤 것보다 그리스도를 더 귀하게 여긴다.

시기심이 당신의 기쁨을 빼앗게 하지 말라. 하나님의 선하심과 은혜가 당신의 영혼을 안정하게 하라. *Ruth*

"아버지, 아버지께서는 제게 넘치게 주셨습니다.

아버지의 조건 없는 사랑, 신실하심, 죄 사함, 그리고 소망을 주셔서 감사합니다.

제 마음에서 시기가 일어나지 않도록 도와주세요.

하나님 안에서 제가 가지고 있는 모든 것을 상기시켜주셔서

제 영혼이 평온케 되길 원합니다.

예수님의 이름으로 기도합니다. 아멘."

＊ 시기심이 당신을 가장 많이 유혹하는 영역은 어디인가?

~~~~~~

~~~~~~

~~~~~~

~~~~~~

~~~~~~

~~~~~~

＊ 어떻게 하면 당신이 가진 것과 당신에게 넘치게 주어진 것에 대해 감사할 수 있을까?

~~~~~~

~~~~~~

~~~~~~

~~~~~~

~~~~~~

~~~~~~

79
산만해지는 마음

"내가 찬송 받으실 여호와께 아뢰리니
내 원수들에게서 구원을 얻으리로다."

시편 18:3

"엄마, 빨리 저 여자 좀 보세요!"

심부름을 가던 목요일 오후, 고속도로를 향해 가는데 열네 살 된 아들이 소리쳤다.

"저러면 안 되잖아요."

아이가 강하게 덧붙였다.

평소 규칙을 잘 따르는 아들이 운전교육을 받을 때처럼 핸들을 10시와 2시 방향으로 잡지 않고 운전을 하는 사람이 있나 보다 생각하며 옆 차를 흘깃 보았다. 그런데 아이가 발견한 것을 멍하니 바라보다가 거의 차선을 벗어날 뻔했다.

그 차 안에서는 한 여자가 오른쪽 어깨 위에 휴대폰을 올려놓고, 왼손에는 뚜껑 열린 패스트푸드 샐러드 박스를 들고, 이빨과 오른손으로 샐러드 드레싱

봉투를 뜯고 있었다. 그러면서 무릎으로 차를 운전하고 있었다!

'도대체 뭘 하는 거지!?'

계속 저렇게 여러 가지 일을 동시에 하면서 운전을 하다간 틀림없이 사고를 낼 것 같았다.

'난 절대 운전하면서 저렇게 모든 일을 하려고 하지 말아야지.'

나는 속으로 잘난 체하며 생각했다.

'저건 너무 위험하고, 법에도 어긋나는 거야.'

그날 밤 늦게 그 일이 번뜩 생각나기 전까지는 그랬다. 물론 나는 위험하게 운전하면서 여러 가지 일을 하지 않을 것이고, 그로 인한 충돌사고의 위험을 감수하지도 않을 것이다. 그러나 내 하루하루의 일상은 어떤가? 내 일정들은? '난 한 가지 일을 더 맡을 수 있어. 그러면 모두가 날 좋아할 거야'라는 내 사고방식은?

사실, 나는 때로 충돌사고를 일으킬 수 있을 만큼 위험하게 여러 가지 일을 동시에 한다. 하지만 아무리 '좋은' 일이라도 너무 많은 책임을 떠맡으면 종종 하나님을 섬기는 일을 효율적으로 하지 못하게 된다.

너무 바빠서 숨 쉴 틈도 없던 어느 날, 오늘의 성경 구절을 읽게 되었다. 물론 저자인 다윗은 실제로 육신의 적들, 그러니까 당신을 쫓아와서, 붙잡고, 궁극적으로 해칠 수 있는 사람들에 대해 이야기하고 있었을 테지만, 나는 그날의 적이 과도한 일과 책임들이었다는 것을 깨달았다. 너무 많은 활동과 책임들이 나를 해치려 했다. 그것들은 나를 쫓아왔고, 궁지에 몰아넣었고, 최악의 경우 나를 죽이려 했다.

감사하게도 하나님은 거기서 우리를 구출해내실 수 있다. 하나님은 우리에게 너무 꽉 차버린 그릇들을 하나님께 내어달라고 하신다. 우리가 그것을 내드리면 거기서 하나님의 뜻이 아닌 활동들은 덜어내신다. 이로써 우리는 동시에 여러 가지 일을 하지 않고, 하나님이 우리를 위해 예비하신 일들에만 집중할 수 있다.

이렇게 될 때 우리는 일정표에서 쉼을 위한 공간을 만들 수 있고, 하나님과 교제하는 달콤한 휴식을 위한 시간도 확보할 수 있다. 삶의 속도를 늦추고, 가만히 앉아 귀를 기울이며, 시간 자체를 창조하신 하나님으로부터 배우는 시간을 갖자.

어떤가? 우리가 지쳐 쓰러지기 전에, 하나님이 우리를 위해 예비하신 것에 집중해보자! *Karen*

"사랑하는 하나님,

분주함이 제 삶에 엄습하여 다른 사람들을 밀어내고,

최악의 경우 하나님까지 밀어내도록 둔 것을 용서해주세요.

하나님께서 제게 주기 원하시는 것들만

제 그릇에 담으려 합니다.

저를 도와주세요.

예수님의 이름으로 기도합니다. 아멘."

* 잠시 시간을 내어, 당신이 받아들인 일과 책임들을 모두 적어보라. 당신의 가정생활이나 직장 일의 한 부분이 아닌 일들을 말하는 것이다. 그다음에 기도하며 그 목록을 살펴보고, 당신이 더 이상 해야 한다고 느끼지 않거나 애초에 단지 거절하기가 어려워서 떠맡았던 일이었기에 이제는 손을 떼야 하는 일이 있는지 하나님께 여쭤보라.

80

당신이 바라는 친구가 되라

"친구는 사랑이 끊어지지 아니하고
형제는 위급한 때를 위하여 났느니라."

잠언 17:17

그녀는 커피를 마시면서 자기가 아직 친한 관계를 형성하지 못한 것에 대한 절망감을 털어놓았다. 그녀는 우리 공동체에 새로 들어왔고, 아직 적응하는 중이었다. 나는 그녀가 소속감을 느끼지 못했던 몇 가지 예들을 인내심을 갖고 들었다.

나는 우정의 힘을 잘 알기에 그녀가 너무 안타까웠다. 하나님의 관점에서 볼 때 우정은 사치품이 아닌 필수품이다! 이야기를 나누면서, 하나님이 몇 년 전에 내게 깨우쳐주셨던 사실을 가지고 그녀에게 도전했다.

"적합한 친구를 찾는 대신, 우리가 바로 그런 친구가 되어보면 어떨까요?"

우정은 언제나 쉽게 오지 않는다. 그것은 시간이 걸린다. 삶이 바빠질수록 우정은 의도적으로 노력해야 얻을 수 있다. 우리는 깊고 의미 있는 관계들을 발전시키기 위해 시간을 내야 한다. 그것이 그냥 오는 경우는 거의 없다.

우리가 완벽한 친구를 찾는 것을 멈춘다면 우리의 관계들은 어떻게 달라질까? 우리와 정말 마음이 통하는 사람을 찾기 위한 노력을 멈추고, 그 대신 우리가 그런 친구가 되기 시작한다면 어떨까?

아마도 누구나 친구에게 바라는 자질 목록을 갖고 있을 것이다. 우리는 자신이 그런 친구가 되기 위해서는 노력하지 않고, 그런 친구를 찾으려 하기 쉽다. 그러나 우정은 우리에게서 시작되어야 한다.

먼저 연락하는 친구가 되라.

다른 사람을 초대하는 친구가 되라.

먼저 격려의 메시지를 보내는 친구가 되라.

질문하고 잘 들어주는 친구가 되라.

완벽을 기대하지 않는 친구가 되라.

언제나 한결같고 늘 다가갈 수 있는 친구가 되라.

당신이 그런 친구가 되는 것부터 시작하라.

그리고 하나님이 행하시는 일을 보라.

나는 많은 사람들이 의미 있는 관계를 찾고 있지만 먼저 그런 친구가 되고자 하는 사람은 거의 없다고 확신한다. 다른 사람이 당신에게 다가오기를 기다리지 말라. 오늘, 믿음으로 나아가라. 당신이 찾는 그런 친구가 되라! *Ruth*

"아버지, 예수님처럼 사랑할 수 있는 은혜를 주세요.

제가 올바른 친구가 되려고 할 때

주의 성령으로 저를 가득 채워주세요.

주변 사람들을 헌신적으로 섬기도록 도와주시고,

하나님만이 주실 수 있는 것들을

다른 사람들에게 요구하지 않도록 제 마음을 지켜주세요.

예수님의 이름으로 기도합니다. 아멘."

＊ 당신이 바라는 적절한 친구가 나타나길 기다려왔는가? 어떻게 그렇게 했는가?

＊ 오늘부터 당신이 그런 친구가 되기 위한 방법을 한 가지만 생각해보자.

81

쿠키맨의 간식보다 달콤한 것

"그에게서 온 몸이 각 마디를 통하여
도움을 받음으로 연결되고 결합되어
각 지체의 분량대로 역사하여 그 몸을 자라게 하며
사랑 안에서 스스로 세우느니라."

에베소서 4:16

우리 세 아이들이 어릴 때는 과일이나 채소, 여러 가지 식료품들을 사기 위해 함께 마트에 가곤 했다. 아이들은 동네에 있는 작은 마트에 가는 것을 특히 좋아했다. 우리 교회에 다니는 한 어르신이 마트 안에 있는 빵집에서 일을 하셨다. 아이들은 애정을 담아 그 어르신을 '쿠키맨'이라고 불렀다. 아이들은 어서 마트에 들어가 빵집에서 소풍 때 먹을 땅콩버터나 초코칩쿠키를 사고 싶어 안달이었다.

어느 봄날 오후에 아이들은 나보다 조금 앞서 걷다가 나보다 먼저 마트의 자동문 앞에 도착했다. 제일 먼저, 당시 여덟 살 쯤 되었고 나이에 비해 다소 작았던 큰딸이 문이 열리게 하는 매트 위에 올라서려 했다. 그러나 아무 일도 일어나지 않았다. 그 아이가 물러나고 그 다음에 다섯 살 남동생이 시도해보았으나 역시 소용없었다. 그러자 내 딸은 번뜩이는 아이디어를 생각해냈다. 양손으로 남동생들의 손을 잡고 셋이 동시에 매트 위에서 점프를 하는 거였다. 이럴 수가! 그들이 해냈다! 아이들은 문이 열리게 하기 위해 몸무게를 합칠 필요가 있었다.

예수님을 믿는 우리에게는 서로가 필요하다. 오늘의 말씀처럼, "각 지체의 분량대로 역사한다"(엡 4:16). 그리스도인들은 고독한 특수 부대원들이 되어야 하는 것이 아니다. 우리는 홀로 고립되도록 만들어지지 않았다. 우리는 공동체를 위해 만들어졌다. 몸의 지체들이 육체적으로나 영적으로, 경제적으로, 또는 정서적으로 무언가를 필요로 할 때, 하나님은 가장 자주 인간을 통해 도움을 보내셔서 그들의 짐을 덜어주고, 고통을 완화해주시며, 무거운 마음을 격려해주게 하신다. 또는 어떤 사람이 삶 속에서 나아갈 다음 단계들을 알 필요가 있을 때, 하나님은 사람들을 사용하셔서 깊이 생각하여 결정을 내리고, 여러 선택사항들을 따져보고, 최고의 선택을 하도록 도와주신다.

우리가 그리스도 안에서 형제자매로서 이 모든 삶의 문제들에 있어 도움을 주고 함께 손을 잡을 때, 혼자서는 열 수 없는 문을 열 수 있게 된다.

오늘, 다른 사람들이 하나님의 인도하심을 느낄 수 있도록 그들의 손을 기꺼이 잡아주라. 하나님이 그리스도의 몸 안에서 당신을 위해 선택하신 역할을 감당하겠는가? 당신이 그렇게 할 때 그 결과는 쿠키맨으로부터 얻은 오후의 간식보다 훨씬 더 달콤할 것이다! *Karen*

"아버지, 제가 손을 잡고 어디론가 이끌어야 할 사람들에게

주의를 기울이도록 도와주세요.

저는 제 역할을 하며 하나님을 잘 나타내기 원합니다.

그리스도의 몸 안에 속한 것은 제게 큰 영광입니다.

예수님의 이름으로 기도합니다. 아멘."

＊ 어떤 사람이 목적지에 이르도록 돕기 위해 당신이 함께 가주어야 하는 상황을 생각해낼

수 있겠는가? 오늘 그들과 함께 가기 위해 당신이 할 수 있는 일은 무엇인가?

82

불평의 문제

"여호와께서 들으시기에 백성이 악한 말로 원망하매
여호와께서 들으시고 진노하사."

민수기 11:1

우리는 날씨에 대해 불평한다. 길이 막히는 것, 긴 시간을 사무실에서 보내야 하는 것도 불만이다. 배우자에 대해, 또는 독신으로 지내는 것에 대해 투덜거린다. 뭐든 이야기해보라. 우리는 그것에 대해 이야기하며 거기에서 낙심할 구실을 찾을 것이다. 불평은 우리 문화에서 아주 흔하다.

하지만 하나님은 우리보다 불평을 훨씬 더 심각하게 받아들이시는 것 같다. 그 이유는 무엇인가? 불평의 진짜 이유가 우리의 상황에 있지 않기 때문이다. 우리가 불평하는 진짜 원인은 하나님을 향한 우리의 태도에 있다. 따라서 불평하는 것이 우리에게는 항상 큰일처럼 보이지 않아도 하나님께는 그렇지 않은 것이다.

이스라엘 백성이 출애굽 한 뒤에 광야에서 방황할 때의 성경의 기록은 하나님을 잊고 불평불만에 빠지기가 얼마나 쉬운지를 보여주는 좋은 예다. 숱한 경우에, 하나님의 백성은 하나님의 선하심과 능력이 나타나는 것을 보고 나서 금세 잊어버렸다. 그들은 하나님에 대해 추측하고 그분을 향해 비난하기 시작했다.

그들은 먹을 것이 충분하지 않은 것에 대해 불평했다(출 16장). 그 다음에는 물이 부족해 보이자 그것에 대해서도 불평했다(출 17:1-7). 거의 1년 뒤, 시내산에서 출발한 이스라엘 백성은 고생스러움에 대해 '악한 말로 원망'했다(민 11:1). 하나님이 그들의 말을 들으실 수 있을 정도였다. 하나님이 우리의 불평에 대해 무관심하지 않으시다는 것을 분명히 하기 위해, 민수기 저자는 하나님이 그들의 말을 들으시고 진노하셨다고 설명했다.

그렇다면 불평의 문제는 무엇인가? 아주 비극적이진 않지만 우리의 상황이 어려울 때, 불평은 종종 하나님의 풍성한 은혜와 신실한 약속들에 대한 무지를 나타낸다. 불평은 하나님의 사랑과 임재와 목적들에 대해 의문을 제기한다. 그리고 많은 경우에 불평은 하나님이 하시는 일을 하나님이 알고 계신지 의문을 품는 것이다. 불평의 문제는 우리의 어려움이 아니라 우리 마음에 있다.

오늘 당신이 어떤 상황에 처해 있든 간에 하나님이 얼마나 선하시고 신실하신 분인지를 기억하라. 당신이 받은 것들을 묵상하라! 하나님은 선하시다. 그분은 신실하시다. 당신의 영혼은 하나님 안에서 평온해질 수 있다. *Ruth*

"하나님, 하나님은 제게 선한 분이셨습니다.

그로 인해 하나님을 찬양합니다.

하나님은 신실하시고, 하나님의 사랑은 영원합니다.

하나님이 누구신지,

또 저를 위해 해주신 모든 일들을 잊어버렸던 것들을 용서해주세요.

하나님께 불평하지 않도록 제 마음을 지켜주세요.

예수님의 이름으로 기도합니다. 아멘."

* 불평은 어떤 면에서 하나님의 은혜와 신실하심에 대한 무지를 드러내는가?

~~~~~~

~~~~~~

~~~~~~

~~~~~~

~~~~~~

~~~~~~

* 감사하는 태도가 어떻게 불평하지 않도록 당신의 마음을 지켜주는가?

~~~~~~

~~~~~~

~~~~~~

~~~~~~

~~~~~~

~~~~~~

83

자세를 가다듬으라

"여호와의 규례를 지키는 세상의 모든 겸손한 자들아
너희는 여호와를 찾으며 공의와 겸손을 구하라
너희가 혹시 여호와의 분노의 날에 숨김을 얻으리라."

스바냐 2:3

최근에 온라인으로 집을 찾아보다가, 경매로 나온 집들을 안내하는 사이트를 우연히 발견했다. 그중 한 집은 우리 가족이 이사 가려고 생각하고 있던 인근 도시에 위치해 있었다. 그래서 차를 타고 지나가면서 그 집을 한번 보려고 얼른 차에 올라탔다.

우리는 그 동네에 이르러 막다른 골목에 있는 그 집을 발견했다. 그때 갑자기 이런 생각이 떠올랐다.

'나, 이 집을 본 적이 있어!'

20여 년 전에 그 집이 지어졌을 당시에는 동네의 집들 중에 단연 돋보였다. 그러나 내 앞에 서 있는 그 집은 전혀 자랑할 만한 모양새가 아니었다. 제멋대로 자라서 무성해진 조경, 다 허물어져 가는 지붕에 심각하게 황폐한 상태였다. 거의 사람이 살 수 없어 보였다. 우리가 그 집을 바라보고 있는 것을 알게 된 한 이웃이 그 집에는 쥐들이 들끓는다며 조심하라고 했다.

하지만 누군가가 쓰러져가는 이 집의 진가를 알아본 것이 틀림없었다. 지난 달에 그 집이 다시 시장에 나왔기 때문이다. 그 집은 완전한 리모델링을 거쳐서 이제는 온갖 최신 항목들을 다 갖추고 있었다. 슬라이딩 창고 문, 커다란 농가의 싱크대 등.

스바냐 2장은 하나님이 그분의 백성에게 그들의 나라가 황폐한 상태가 되었으니 자세를 가다듬으라고 명하시는 말씀이다. 스바냐 선지자는 그들에게, 아직 시간이 있을 때 회개하여 하나님이 그들의 죄를 덮어주시게 하라고 촉구했다.

하나님이 구약성경의 변덕스러운 백성에게 회개하라고 말씀하셨던 것처럼, 우리는 성령의 능력을 통해 자세를 가다듬어야 한다. 성령은 우리가 순종하며 행할 수 있도록 도와주신다. 다 허물어져 가던 상태에서 싹 개조하여 다시 매물로 나온 그 집은 스스로 개조를 할 수 없었다. 우리도 마찬가지다. 그러나 하나님이 그 변화를 일으키시게 하고, 우리는 겸손하게 하나님을 찾으며 의롭게 행하기를 갈망하고 하나님의 명령에 순종함으로써 협력할 수 있다. 시간을 내어 하나님의 말씀을 공부하고, 기도를 통해 하나님과 교류할 수 있다. 자신의 영적 성장에 관심을 가지며, 그것을 우리의 일들에서 우선순위로 삼을 수 있다.

우리가 스스로 자세를 가다듬으며 우리의 역할을 할 때, 하나님은 우리의 자발적인 마음을 보신다. 그리고 하나님은 그분의 놀라운 능력으로 행하시며

우리가 놀라울 정도로 새로워지게 해주신다. *Karen*

"아버지, 제가 죄를 가볍게 여기는 것이 아니라,

그 죄가 저를 무섭게 통제하고 황폐하게 만들 수 있음을 기억하고

심각하게 죄를 살피게 해주세요.

의를 구하고, 겸손을 추구하며, 하나님의 명령을 따르도록 도와주세요.

예수님의 이름으로 기도합니다. 아멘."

＊ 당신의 삶에서 점검이 필요한 영역이 있는가? 있다면 스바냐 2장 3절에서 말하는 이 행동들, 즉 여호와를 찾으며, 그분의 명령에 순종하고, 공의를 추구하고, 겸손을 습득하는 것 가운데 어떤 것이 당신에게 가장 필요한가?

84

나귀를 찾으러 가라

이스라엘 백성이 사무엘 선지자에게 다른 나라들처럼 왕을 달라고 구하자마자, 우리는 사울이라는 청년을 만난다. 사무엘상 9장 첫 부분에서, 사울은 자신이 이스라엘의 첫 번째 왕으로 기름 부음을 받게 될지 전혀 몰랐다. 사울이 알았던 것은 아버지가 집에서 키우던 나귀들을 잃어버렸고 그것을 찾기 위해서는 그의 도움이 필요하다는 것이었다.

젊은 사울과 사환이 여기저기 찾아다니는 것으로 보아, 매우 귀한 나귀들이었던 것이 틀림없다. 그들은 에브라임 산지와 살리사 땅을 두루 다녀보았으나 나귀를 보지 못했다. 사알림 땅을 두루 살펴보았으나 나귀를 찾지 못했다. 그 다음에 베냐민 사람의 땅으로 갔으나 거기서도 나귀를 찾지 못했다. 마침내 그들은 숩 땅에 이르렀는데, 짐작하다시피 거기서도 나귀는 보지 못했다. 그때 사울은 돌아가려 했다. 나는 그가 몇 마리 나귀를 찾아 사방을 돌아다니다 지친 모습을 상상해볼 수 있을 뿐이다.

그러나 사환의 제안에, 그들은 이 잃어버린 나귀들을 찾아 어디로 가야할지 알려줄 하나님의 사람을 찾아 근처 성읍으로 갔다. 그들은 이 하나님의 사람이 사무엘이라는 것을 몰랐다. 또 하나님께서 전날 밤 사무엘에게 사울에 대해 말씀하셨다는 것도 몰랐다. 사무엘은 그들이 나귀들을 찾았을 뿐만 아니라 하나님의 사람, 이스라엘의 차기 왕, 사울도 찾았다는 것을 확신시켜주었다(삼상 9:20).

사울은 하나님께서 그를 왕으로 임명하기 위해 사용하실 사람에게로 가고 있는지 몰랐다. 그는 단지 나귀를 찾고 있었을 뿐이다. 이 성경 구절에 대해 할 수 있는 말은 많지만, 어쨌든 우리가 나귀들을 쫓고 있을 때 하나님이 우리를 위해 더 많은 것을 예비해두고 계시다는 결론에 이를 수 있다. 우리는 삶의 어떤 영역에서 왜 순종하라는 요구를 받고 있는지 모른다. 그리고 우리는 때로 우리의 순종이 우리를 어디로 데려갈지, 또는 하나님이 그것을 가지고 무엇을 행하실지 모른다.

따라서 하나님이 당신에게 무엇을 하라고 하시든, 그것이 크든 작든, 이해가 되든 안 되든, 누가 보든 말든 간에, 그 일에 충실하라. 인내심을 가지라. 잃어버린 나귀들을 찾으러 가는 것을 두려워하지 말라. *Ruth*

"하나님, 저는 하나님을 신뢰하고 순종하기 원합니다.

제가 크든 작든 모든 일들에 충실하도록 도와주세요.

하나님께서 제가 상상하는 것보다 훨씬 더 많은 일들을

제 삶에 행하고자 하시는 것을 압니다.

제 삶 속에서 하나님의 영광과 목적들을 위해

순종할 수 있는 은혜를 주세요.

예수님의 이름으로 기도합니다. 아멘."

＊ 어떻게 하면 삶의 작은 일들에서도 순종하는 법을 배울 수 있을까?

85

폭풍우 속에서 나를 보는 사람들

"사공들이 두려워하여

각각 자기의 신을 부르고."

요나서 1:5

내 친구, 신디와 나는 우리가 탄 비행기가 공항으로 마지막 하강을 시작할 때 얼어붙은 듯 자리에 앉아 있었다. 조금 전에 조종사가 착륙 장치의 오동작 가능성이 있고 제대로 열리지 않을 수 있다고 알렸기 때문이다. 그는 우리에게 안전벨트를 매라고 지시했고, 혹시 문제가 생기면 우리를 돕기 위해 비상 차량들이 활주로에서 대기하고 있을 거라고 안심시켜주었다.

내 심장은 걱정으로 뛰기 시작했다. 그러나 하나님의 은혜로, 착륙 장치가 잘 작동하여 무사히 착륙을 할 수 있었다.

선원들은 다시스로 가는 배에서 이와 비슷하게 무서운 여행을 경험했다. 다시스는 아마도 지금의 스페인일 것이다. 그 배에는 '요나'라는 승객이 타고 있었다. 하나님을 피해 도망치고, 하나님이 시키신 일을 하지 않았다가 결국 커다란 물고기 배 속에 들어가게 된 그 요나 말이다. 요나가 그 배에 타자, 하나님은 강한 폭풍을 몰아치셔서 거센 파도 위로 배가 사정없이 요동하게 하셨다. 그러자 폭풍 속을 항해한 경험이 있는 용감한 선원들도 극도로 두려워하며 각자 자기 신을 불렀다.

우상들이 응답하지 않자, 선원들은 자기들 힘으로 문제를 해결하려 했다. 배를 가볍게 하기 위해 화물을 바다로 던진 것이다. 그러나 돌풍도, 그들의 불안도 가라앉지 않았다. 그러자 그들은 배에 탄 어떤 승객이 폭풍의 원인이 되었는지 알아보기 위해 제비를 뽑았다. 요나가 뽑혔다. 그는 자신이 도망친 것을 자백했고, 그들에게 즉시 자신을 바다로 던지라고 했다.

선원들은 처음에 그 말을 듣지 않았다. 대신 더 열심히 노를 저었다. 그러나 마침내 그들은 요나의 요구를 들어주었다. 그리고 그 즉시 폭풍우가 잦아들자, 그들은 하나님의 엄청난 능력에 압도되어 하나님께 제물을 드리고 앞으로 하나님을 섬기겠다고 서원했다.

선원들은 처음에 폭풍우를 두려워했다. 그러나 요나가 자기 잘못을 인정하고 올바른 일을 하기로 선택하는 것을 본 이 저돌적인 사람들은 마침내 비바람을 두려워하는 대신 하나님을 두려워하기 시작했다.

당신의 삶 속에서 다른 사람들, 즉 자신들의 상황을 두려워하고 잘못된 대상들에 대해 헛된 믿음을 갖고 있는 사람들이 지금 당신이 폭풍우 속에서도 순종하며 행하는 것을 볼 때, 하나님을 두려워하고 경외하게 되지 않을까? *Karen*

"아버지 하나님,

하나님께서 제게 순종을 요구하실 때

다른 방향으로 도망치지 않게 해주세요.

경건한 선택을 할 수 있도록 능력을 주시고,

제가 직면한 폭풍우가 무엇이든 간에

제 순종을 통하여 다른 사람들이 하나님을 바라보게 해주세요.

예수님의 이름으로 기도합니다. 아멘.”

* 지금 당신은 폭풍우에 직면해 있는가? 그렇다면 혼란 속에서도 순종을 택하도록 도와주시고, 또 당신의 행동을 통해 다른 사람들이 하나님을 경외하고 예배하도록 도와주시길 하나님께 간구하는 기도문을 적어보라.

86

인내의 옷을 입으라

"그러므로 너희는 하나님이 택하사

거룩하고 사랑 받는 자처럼

긍휼과 자비와 겸손과 온유와 오래 참음을 옷 입고."

골로새서 3:12

지금도 우리 할머니의 목소리가 내 귀에 울리는 듯하다.

"인내는 미덕이란다, 루스!"

우리가 무얼 하고 있는지는 중요하지 않았다. 주방에서 요리를 하든, 퍼즐 조각을 맞추고 있든, 차를 타고 수영장에 가고 있든. 할머니는 내 성급한 성향이 나타날 때마다 인내가 귀한 거라며 늘 부드럽게 조언해주셨다.

신약성경에서도 종종 "오래 참으라"라고 권면한다(엡 4:2). 골로새서 3장 12절에서 사도 바울은 그리스도인의 삶을 옷처럼 묘사했다. 우리가 낡은 옷처럼 버려야 하는 어떤 인격 특성, 태도, 행동들이 있다. 우리는 더 좋고 더 아름다운 것으로 옷 입어야 한다. 바울은 '오래 참음'으로 옷 입으라고 말한다(12절).

인내는 우리가 삶의 모든 일들에서 하나님을 영화롭게 하는 반응을 나타내게 해준다. 우리의 상황들은 종종 우리 마음의 악한 성향과 욕망들을 드러낸다. 때로는 우리의 조급함이 우리의 교만, 통제의 필요성, 바르게 되어야 할 필요성, 또는 하나님의 선하심과 신실하심에 대한 믿음의 결핍을 드러낼 수 있다. 우리가 화내기를 더디 할 때, 인내하거나 하나님을 영화롭게 하는 반응을 나타내게 된다. 우리가 용서하려 할 때, 서로의 잘못을 너그러이 받아주고 하나님이 오시기를 바라며 기다린다. 하나님이 신실하시고 우리의 삶에 지혜롭게 개입하시는 것을 확신하지 못할 때, 우리는 인내하지 못할 것이다.

당신은 어느 부분에서 인내하기가 힘든가? 하나님께서 실제로 당신의 마음 속에서 일어나는 일들을 드러내기 위해 당신의 상황들을 어떻게 사용하고 계신가?

하나님이 계속해서 우리를 성장시키시고 우리를 내면에서부터 변화를 일으키실 때, 우리 안에 "사랑과 희락, 화평, 오래 참음, 자비, 양선, 충성, 온유, 절제"(갈 5:22,23)를 만들어내신다. 우리의 목적은 하나님이 어떤 분이신지를 나타내는 것이다. 그분은 화내기를 더디 하시고 사랑이 풍성하신 하나님이다. 우리가 예수께 시선을 고정하고 그분의 사랑과 진리를 향해 마음을 열 때, 주님은 우리에게 훨씬 더 매력적인 것으로 옷 입혀주신다. 즉, 우리에게 인내를 주신다. *Ruth*

"아버지, 저를 오래 참아주셔서 감사합니다.
주님은 저를 조건 없이 사랑해주십니다.
제게 은혜를 베풀어주십니다.

주님이 제게 보여주신 반응처럼

저도 다른 사람들에게 반응하도록 도와주세요.

예수님의 이름으로 기도합니다. 아멘.”

* '참지 못함'은 당신의 마음에서 무엇을 드러내는가?

* 당신의 관계들 속에서 인내를 추구할 수 있는 한 가지 방법은 무엇인가?

87

문 밖에 서서

"베드로는 문 밖에 서 있는지라."

요한복음 18:16

당신이 그리스도인임을 밝히기가 다소 꺼려졌던 적이 있는가? 어쩌면 누군가가 당신도 잘 알지 못하는 성경에 대해 질문할까 봐 두려웠을 수 있다. 혹은 신앙인이라고 말하면서 남을 비판하고 매정하게 행동하는 사람들을 보면서 당신도 그들과 같은 무리로 취급받을까 봐 두려웠을지도 모른다.

예수님의 생의 마지막 날 밤, 자신이 예수님과 함께 있었다는 것을 밝히면 다른 사람들이 자기를 어떻게 생각할지 두려워했던 또 한 명의 신자가 있었다. 바로 사도 베드로다.

우리는 요한복음 앞부분에서, 영생의 말씀이 예수께 있다고 자신 있게 선언하는 베드로의 모습을 본다(요 6:68). 그는 뻔뻔스럽게 자기가 예수님을 아주 가까이서 따를 것이며, 필요하면 목숨까지 버리겠다고 말했다(요 13:37). 그러나 베드로의 말, 검을 휘두르던 모습은 불과 몇 장 뒤에서 곧 멈춘다. 거기서 그는 뒷걸음치며 숨는다.

베드로는 자기가 예수님을 안다는 사실을 세 번 부인했다(요 18:17, 25, 27). 요한복음 13장 38절에 나오는 예수님의 예언이 이루어진 것이다. 거기서 예수님은 베드로에게 "내가 진실로 진실로 네게 이르노니 닭 울기 전에 네가 세 번 나를 부인하리라"라고 하셨다.

대체 무슨 일이 있었기에 그렇게 담대했던 제자가 그토록 충성스럽게 사랑한다고 주장했던 주님과 거리를 두기 시작하고, 그리스도의 곁을 지키기보다 요한복음 18장 16절 말씀처럼 문 밖에 서 있게 되었을까? 다른 복음서들은 베드로가 그날 밤 뒷걸음친 것을 멀찍이 예수를 따라간 것으로 묘사한다(마 26:58; 눅 22:54).

왜 베드로의 용감한 모습이 흐지부지되었던 걸까? 어쩌면 요즘 우리가 그러는 것과 같은 이유일 것이다. 우리는 세상에서 일어나는 자연적인 일들 속에서 하나님이 영적인 영역에서 행하고 계신 일을 보지 못한다. 만일 우리가 정말 제대로 이해한다면, 싸움을 멈추고 하나님 곁에 꼭 붙어 있을 것이며, 그분을 신뢰할 것이다.

그리스도의 진리를 듣고 응답하려면 그분의 말씀을 들을 수 있을 만큼 가까이 있어야 한다. 우리가 문 밖에 서 있고, 멀찍이 그분을 따르고, 그분과 동일시되는 것을 두려워하면 이렇게 그분의 말씀을 들을 수 없다. 우리의 마음 문을 활짝 열고, 주님의 말씀이 우리의 영혼 속에 깊이 자리 잡게 하며, 담대하게 미래를 주께 맡길 때 그 말씀을 듣게 된다. 이렇게 하는 가장 좋은 방법은 우리의 태도와 행동들을 하나님의 말씀에 맞추도록 노력하며, 성경을 읽고 공부하고 암송하는 시간을 보내는 것이다. *Karen*

"아버지, 저 자신을 주님과 함께하는 자로 여기길 두려워하며
문 밖에 서 있는 일을 그만두겠습니다.
뒤처져서 멀찍이 바라보고 있기를 원치 않습니다.
주님의 말씀을 들을 수 있을 만큼 가까이서 따르기 원합니다.
예수님의 이름으로 기도합니다. 아멘."

＊ 어떤 식으로든, 그리스도와의 관계에서 문 밖에 서 있는 것처럼 느낀 적이 있는가?
오늘 당신이 그리스도께 더 가까이 가기 위해 할 수 있는 실제적인 조치는 무엇인가?

88

실망감 다루기

"사람의 마음에는 많은 계획이 있어도
오직 여호와의 뜻만이 완전히 서리라."

잠언 19:21

나에겐 계획이 있었다. 나는 내가 몇 명의 자녀들을 원하는지 정확히 알았다. 난 적어도 6명의 아이들이 있는 대가족을 꿈꾸며 자랐다. 문제는 내 계획이 하나님의 계획과 달랐다는 데 있었다. 몇 번의 유산을 거친 후, 하나님이 내게 주신 네 아이들의 기적에서 나는 큰 기쁨을 발견했다. 그러나 더 많은 자녀를 가질 수 없어 슬픔과 실망을 느꼈다는 것을 인정하지 않는다면 거짓말일 것이다.

우리는 모두 꿈을 꾼다. 계획을 세운다. 때로는 기다리며 소망을 갖는다. 하지만 종종 우리의 꿈들은 열매를 맺지 못한다. 우리가 미래에 대해 가졌던 비전은 산산이 부서지거나, 적어도 우리가 계획했던 것과 다르게 드러나기도 한다.

그것은 직업일 수도 있고, 건강과 관련된 것일 수도 있다. 다른 도시로 이사를 가는 것, 연애나 배우자 문제일 수도 있다. 우리가 어떤 계획을 세우고 어떤 꿈을 꾸든 간에, 결과적으로 우리는 실망을 겪게 될 것이다. 왜 그럴까? 우리의 모든 꿈들이 하나님의 갈망은 아니기 때문이다. 성경이 깨우쳐주듯이, 하나님은 우리의 삶에 대한 뜻을 갖고 계시며, 그 뜻은 우리의 계획들보다 훨씬 더 크다.

그래서 우리는 굴복하는 법을 배운다. 우리가 갈망하고 꿈꾸는 것들을 꽉 붙잡고 있지 않는다. 우리의 삶은 궁극적으로 하나님의 영광을 위한 것임을 기억한다. 우리의 길들이 모두 하나님의 길은 아니다. 하나님이 더 잘 아신다. 하나님이 더 잘 이해하고 계신다. 그분은 한 이야기를 쓰고 계신데, 우리는 그 이야기 안에서 모든 부분들이 어떻게 협력하는지 항상 알지 못한다.

하지만 그보다 우리는 하나님이 가장 큰 보물임을 기억해야 한다. 하나님이 가장 큰 상급이다. 하나님만이 우리 영혼의 가장 온전한 만족이 되신다. 사도 바울은 "또한 모든 것을 해로 여김은 내 주 그리스도 예수를 아는 지식이 가장 고상하기 때문이라 내가 그를 위하여 모든 것을 잃어버리고 배설물로 여김은 그리스도를 얻고"(빌 3:8)라고 했다.

우리가 우리의 계획과 꿈들로부터 얻을 수 있는 만족은 하나님을 알고 하나님이 나를 아시는 것에 결코 근접하지 못할 것이다. 최고의 가치는 하나님께 있다. 실망은 우리를 하나님께 더 가까이 이끌기에 선물이 될 수 있다.

마음을 열고, 오직 하나님만이 주실 수 있는 기쁨과 만족으로 당신을 채워 주시기를 기도하라. *Ruth*

"하나님, 주님 안에서 기뻐하도록 저를 가르쳐주세요.

제 모든 계획과 꿈들을 하나님의 뜻에 맡깁니다.

다른 무엇보다 더 하나님을 원합니다.

오셔서 제 모든 것을 변화시켜주시고,

제 마음이 하나님의 마음과 일치하게 해주세요.

예수님의 이름으로 기도합니다. 아멘."

* 당신은 어떤 상황에서 실망을 경험하였는가?

* 실망은 당신이 하나님보다 더 귀하게 여기는 것들을 어떻게 드러낼 수 있는가?

89

당신의 다림줄은 무엇인가?

"또 내게 보이신 것이 이러하니라
다림줄을 가지고 쌓은 담 곁에
주께서 손에 다림줄을 잡고 서셨더니."

아모스서 7:7

아이들은 어릴 때부터 남편과 내가 그들의 행동에 대해 어떤 기대를 갖고 있다는 걸 알고 있었다. 우리는 아이들에게 어른들을 '아주머니'나 '선생님'이라고 부르게 했다. 아이들이 모임이나 행사 시간에 늦지 않게 가기를 기대했다. 혹 아이들 중 한 명이 조금이라도 반발하며 왜 그렇게 행동해야 하느냐고 질문할 때면, 우리는 언제나 같은 대답을 해주었다.

"그건 네가 '이면'(Ehman)이기 때문이야."

하나님은 그분의 자녀인 우리에게도 기대를 갖고 계시며, 우리가 그분의 말씀대로 행동하기를 바라신다. 구약의 선지자 아모스는 이러한 기대들을 기록했는데, 개인에 대한 기대와 사회 전반에 대한 기대가 있다.

오늘의 성경 구절에서, 선지자는 다림줄의 환상을 보았다. 그 당시 다림줄은 한쪽 끝에 납덩이를 매달아 무겁게 만든 굵은 줄이었다. 무거운 쪽을 지면 가까이에 두고 구조물 꼭대기까지 다림줄을 들어올렸다. 중력이 그것을 아래로 끌어당기면 그 줄은 곧게 펴졌다. 건축업자들은 다림줄 통해 수직 구조물들이 완전히 똑바른지 점검할 수 있었다.

여기서 다림줄의 이미지는 하나님이 이스라엘 백성의 행위를 평가하실 때 사용한 경건한 기준을 가리키는 상징으로 사용되었다. 하나님은 이스라엘과 그 지도자들이 만성적으로 부정직한 것을 아셨고, 그래서 그 나라는 엄격하게 심판을 받게 되었다.

우리는 이 환상에 대한 생생한 설명으로부터 우리의 삶과 행동에 대한 몇 가지 개념들을 얻을 수 있다.

먼저, 하나님은 기준을 갖고 계신다. 그러나 우리가 자립하여 이 땅에서 어떻게 살아갈지 스스로 알아내도록 내버려두지 않으셨다. 하나님의 말씀이 우리의 다림줄이다. 그 안에서 우리가 하나님의 명령을 묵살할 때 어떤 일이 일어날지에 대한 경고와 삶에 대한 지침들을 발견한다.

또한, 우리 각 사람은 하나님의 기준들에 대해 반응한다. 우리는 삶 속에서 선택을 한다. 하나님을 따르고 그분의 명령에 순종하기로 선택할 수도 있고, 하나님의 기준들을 버리고 우리 자신의 가이드라인을 세울 수도 있다. 그리고 각각의 선택에는 결과가 따른다.

우리가 잘못된 선택을 할 때에도 하나님의 자비가 그분의 심판을 이긴다. 하나님은 우리가 겸손히 구할 때 자비를 베푸실 준비가 되어 있으시다. 그리고 하나님의 궁극적인 자비의 행위는 우리를 용서하시고 하나님으로부터 영원히 분리되지 않도록 우리를 구원하시기 위해 하나님의 독생자이자 참된 선지자 예수님을 보낸 것이었다.

우리의 행동이 기대에 부합하지 못할 때 하나님의 다림줄과 그분의 자비로 인해 하나님을 찬양하라. *Karen*

> "아버지, 삶 속에서 제 유일한 다림줄이
> 하나님의 거룩한 말씀이 되게 해주세요.
> 제가 그 말씀을 공부하고, 이해하고, 그 명령에 속히 순종하도록 도와주세요.
> 예수님의 이름으로 기도합니다. 아멘."

* 하나님의 말씀이 우리의 궁극적인 다림줄이 되어야 하는데, 우리 문화에 속한 많은 이들에게는 그렇지가 않다. 당신이 인생에서 성공하고 있는지 판단하기 위해 스스로 평가 기준으로 삼으려 하는 다른 것들은 무엇인가?

90

끝까지 하라

"나는 선한 싸움을 싸우고
나의 달려갈 길을 마치고 믿음을 지켰으니."

디모데후서 4:7

우리 집에서는 조립 프로젝트가 잘 이루어지지 않는다. 아주 열정적으로 시작하지만, 불과 30분만 지나도 TV 캐비닛이나 책상을 조립하는 일이 얼마나 어려운지 깨닫고 그만둔다. 우리는 언제나 끝까지 하려 하지만 쉽지 않다!

민수기에 나오는 한 이야기는 처음과 마지막 사이의 '중간'에 우리가 가장 견디기 어렵고 믿음을 지키기 힘들다는 걸 발견하는 시기가 있음을 알려준다. 민수기 저자는 애굽의 노예생활에서 벗어난 이스라엘의 여정이 거친 여러 단계들을 묘사한다. 우리는 단계별로 그들이 어떻게 시작했고, 전진했고, 마쳤는지를 듣는다. 나는 민수기 33장 3절에 나오는 장면을 좋아한다.

"그들이 첫째 달 열다섯째 날에 라암셋을 떠났으니 곧 유월절 다음 날이라 이스라엘 자손이 애굽 모든 사람의 목전에서 큰 권능으로 나왔으니."

처음 여행을 시작할 때 그들은 '큰 권능'으로 나왔다. 그들은 갈 준비가 되어 있었다. 오래 걸을 수 있는 활력으로 넘쳤다. 하나님의 구원과 인도하심에 대한 확신이 있었다. 처음에 그들은 하나님과 동행하는 것에 대해 가장 열정적이었다. 하지만 우리는 그들의 확신과 도전이 오래 지속되지 않았다는 걸 안다.

그들의 의욕은 점차 꺾였다. 하나님이 하시는 일에 대해 혼란에 빠진 그들은 믿음으로 나아가기로 한 결단에 의심을 품게 되었다. 그들은 투덜대고, 불평하며, 결국 자기들이 빠져나온 그곳으로 돌아가고 싶어 했다. 처음에는 좋았으나 중간, 또한 끝에는 그리 좋지 못했다. 그들은 더 오랫동안 광야를 헤매고 다녀야만 했다. 강한 집념으로 견디는 것이 그들에게 도움이 되었을 것이다.

인내심은 성경 전체에서 볼 수 있는 주제다. 사도 바울은 생의 마지막을 향해 갈 때 자신의 믿음의 여정을 돌아보며 이렇게 선포했다.

"나는 선한 싸움을 싸우고 나의 달려갈 길을 마치고 믿음을 지켰으니."(딤후 4:7).

결코 완벽하진 않았으나, 그는 인내하며 견뎠고, 믿음을 지켰으며, 끝까지 견딤으로 인한 유익을 경험했다.

하나님은 어디에서 당신에게 참고 견디라고 하시는가? 당신은 큰 열정을 갖고 어떤 일을 시작했으나 지금 견디기 힘들어하고 있는가? 친구여, 포기하지 말라! 너무 빨리 그만둠으로써 하나님이 당신을 위해 예비하신 것을 놓치지 말라. *Ruth*

"아버지, 제 발걸음을 견고하게 해주세요.

하나님이 제게 명하신 일을 할 때 지치지 않게 해주세요.

시작을 잘할 뿐만 아니라 믿음을 계속 유지할 수 있도록

제게 은혜를 주세요.

믿음 안에서 겸손히 행하는 법을 가르쳐주셔서

하나님이 제게 맡기신 일을 끝까지 완수하게 해주세요.

예수님의 이름으로 기도합니다. 아멘."

＊ 지금 너무 힘들어서 그만두고 싶은 일은 무엇인가?

~~~~~~

~~~~~~

~~~~~~

~~~~~~

~~~~~~

~~~~~~

＊ 하나님이 당신에게 끝까지 버티라고 명하시는 지점이 어디라고 생각하는가?

~~~~~~

~~~~~~

~~~~~~

~~~~~~

~~~~~~

~~~~~~

91

흩어져 있으나 구별되는 자

"내가 비옵는 것은 그들을 세상에서 데려가시기를 위함이 아니요

다만 악에 빠지지 않게 보전하시기를 위함이니이다

내가 세상에 속하지 아니함 같이 그들도 세상에 속하지 아니하였사옵나이다

그들을 진리로 거룩하게 하옵소서 아버지의 말씀은 진리니이다."

요한복음 17:15-17

"그리스도인들은 세상 속에 있으나 세상에 속하지 말아야 한다."

이 옛말을 듣고 그 개념이 정확히 어떤 의미인지 궁금했던 적이 있는가? 이 말을 온전히 이해하기 위해서는 영어 문법을 다시 봐야 한다.

이 말에는 두 개의 전치사가 사용된다. 'in'(안에)과 'of'(~에 속한)이다. 당신이 어떤 것 안에 있다면, 그것은 당신의 환경을 나타낸다. 즉, 당신이 물리적으로 위치해 있는 곳을 말한다. 당신이 어떤 것에 속해 있다면, 그것은 단지 거리상 가까운 것만이 아니라 당신의 존재가 그 안에서 정체성을 발견하는 것을 의미한다.

이 옛 격언은, 예수님이 친히 제자들을 위해 하신 기도에서 이 개념을 언급하신 오늘의 성경 구절에 있다. 여기서 제자들은 신약성경의 제자들과 예수님을 따르게 될 모든 사람을 의미한다.

예수님은 그 기도에서, 육체적으로 이 땅에 거주하면서 또한 세상의 사고 방식과 습관들을 채택하지 않을 때 존재하는 긴장 상태를 다루셨다. 예수님은 하나님께 그분의 제자들을 세상에서 나오게 해달라고 간구하지 않으셨다. 다만 그들이 이 땅에 거주하는 동안 진리로 그들을 거룩하게 해달라고 간구하셨다.

여기에 사용된 '거룩하게 하다'(sanctify)라는 단어의 헬라어 원어는 '구별하다', '다르다', '성별되다'라는 뜻이다. 그것은 또한 세속적인 것들과 극명히 대조되는 순수함을 가리킨다.

예수님은 하나님께 그분의 제자들을 격리시키고 그들만의 배타적인 그리스도인 모임을 만들게 해달라고 기도하지 않으셨다. 그들의 행위로 인해 세상과 뚜렷이 구별되게 해달라고 기도하셨다. 생일 컵케이크 위에 뿌려진 형형색색의 가루들이 케이크 크림 속으로 녹아들어 가지 않는 것처럼, 신자들도 세상에 흩어져 있지만 그 행위로 세상과 구별되어야 한다.

하나님은 성령을 통해 우리에게 능력을 주셔서, 우리가 이 세상에서 하나님을 모르는 사람들과 함께 어깨를 비비고 살면서도 도덕적인 행동에 있어 그들과 뚜렷이 구별되게 해주실 수 있다. 우리를 지켜보고 있는 사람들에게 복음의 진리를 나타내면서 살게 해주실 것이다. 그들이 우리의 거룩하고 구별된 행동을 보고 우리가 섬기는 참된 하나님에 대해 더 많이 알기를 갈망하게 되기 바란다. *Karen*

"아버지, 제가 세상 사람들과 구별된 행동을 통해
주님을 잘 드러낼 수 있게 도와주세요.
예수님의 이름으로 기도합니다. 아멘."

* 세상 속에 있으나 세상에 속하지 않는 것의 긴장 상태로 힘들었던 적이 있는가? 그 상
황을 묘사해보고, 하나님께 당신의 믿음과 행위로 세상과 구별되도록 도와달라고 간구
하는 짧은 기도문을 적어보라.

92

분노가 드러내는 것

"너희는 모든 악독과 노함과 분냄과 떠드는 것과 비방하는 것을
모든 악의와 함께 버리고."

에베소서 4:31

모든 분노가 나쁜 것은 아니다. 그러나 대부분의 경우, 직장이나 관계 속에서,
또는 결혼생활과 가정에서 우리의 분노는 옳지 않은 방향으로 기울 수 있다.
그런 분노는 악하고 이기적이다. 이것이 바로 에베소서 4장 26절에서 바울이
경고하는 바다.

"분을 내어도 죄를 짓지 말며."

하나님이 우리에게 버리라고 하신 분노는 일부가 아니라 '모든' 악독과 노
함과 분냄이다(31절). 실제로 우리의 분노는 우리에게 일어나는 일들보다 우
리 '안에서' 일어나고 있는 일에 대해 훨씬 더 많은 것을 말해준다. 옳지 않은
분노는 우리의 이기적이고 악한 욕망들을 드러낸다. 그리고 하나님은 우리가
옳지 못한 분노를 버리기 원하신다. 그것은 우리의 영혼에 해로우며, 우리가
소중히 여기는 관계들을 손상시킬 힘을 가졌기 때문이다.

그렇다면 어떻게 성령이 우리 마음속에 필요한 변화를 보여주시도록 할 것인가? 한 가지 방법은 하나님께 정말로 우리의 행동을 이끌고 있는 이기적이고 악한 욕망들을 보여달라고 간구하는 것이다. 우리가 하나님을 사랑하고 다른 사람들을 사랑하는 것보다 더 원하는 것들을.

우리는 직장에서 승진하지 못할 때 화를 낸다. 우리와 생각이 다른 친구를 보면 화가 치밀어 오른다. 길이 막혀서 차가 너무 천천히 움직이고, 아이들은 조용히 앉아 있지 못한다. 우리가 중요한 것에 집중하려고 할 때 다른 것의 방해를 받는다. 이러한 것들은 우리 마음이 정말로 원하는 것을 방해할 수 있다. 마음이 원하는 것이란 통제, 평안, 의로움 등이다. 우리가 가진 갈망의 문제는 대부분 우리에게 초점이 맞춰져 있다는 데 있다.

당신이 분노하는 진짜 원인은 무엇인가? 하나님이 당신을 살피셔서 안으로 향해 있는 마음의 열망들을 드러내시게 하라. 하나님은 옳지 않은 분노를 더 좋은 것으로 바꿔주기 원하신다. 당신 안에 사랑, 희락, 화평, 오래 참음, 자비, 양선, 충성, 온유, 절제(갈 5:22,23)를 만들어내기 원하신다. 하나님이 그 일을 하시게 하겠는가? *Ruth*

"아버지, 저를 살피시고 제가 지금 싸우고 있는 영역들을 제게 보여주세요.
제 분노를 유발하는 진짜 원인이 무엇인지 깨닫게 해주세요.
제 이기적인 갈망들을 회개합니다. 제 안에 하나님을 높이고
저 자신보다 다른 사람들을 사랑하기 원하는 마음을 창조해주세요.
예수님의 이름으로 기도합니다. 아멘."

* 당신을 분노하게 하는 가장 큰 갈망들은 무엇인가?

* 당신이 오늘 분노를 버릴 수 있는 한 가지 방법은 무엇인가?

93

사랑의 색깔

"너희가 만일 성경에 기록된 대로
네 이웃 사랑하기를 네 몸과 같이 하라 하신 최고의 법을 지키면 잘하는 것이거니와
만일 너희가 사람을 차별하여 대하면 죄를 짓는 것이니
율법이 너희를 범법자로 정죄하리라."

야고보서 2:8,9

나는 그날 오후, 예스러운 남부의 카페에 앉아 따끈따끈한 비스킷에 꿀을 바르고 있었다. 이제는 성인이 된 딸과 나는 딸의 세 살짜리 대녀인 에트오피아인 나오미를 데리고, 친구와 그 친구의 일곱 살짜리 딸을 같이 만났다. 그 친구의 딸 역시 에티오피아 태생이다. 어른 셋이 함께 시간을 보내는 동안 소녀들은 식탁 위 종이매트에 크레파스로 색칠을 하며 놀았다.

식사를 하던 어느 순간, 내 친구의 딸이 냅킨을 잡으려고 내 쪽으로 팔을 뻗었다. 나는 우리 둘이 정확히 똑같은 초록색의 셔츠를 입고 있다는 걸 알았다.

"어머, 아스터! 우리 똑같네!"

나는 그 아이가 우리의 똑같은 셔츠 색깔을 볼 수 있게 내 팔을 그 아이 쪽으로 뻗으며 말했다. 그런데 그 아이의 얼굴에 어리둥절한 표정이 나타났다. 그때 나는 무슨 일이 일어나고 있다는 걸 알았다.

아이가 천천히 옷소매를 잡아 올리자, 아름다운 까만 피부가 드러났다. 그러더니 내 창백한 팔을 만지고는 고개를 저으면서 말했다.

"아니요, 우린 같지 않아요."

나는 심장이 철렁했다. 나는 우리의 셔츠 색깔이 같다는 뜻이었다. 그런데 그 아이는 내가 우리의 피부에 대해 말하는 것으로 생각했던 것이다.

나는 내가 얼마나 자주 다른 인종 사람들의 눈으로 삶과 상황들을 보지 못하는지 깨닫게 되었다. 또는 우리 사회에서 소외감을 느끼거나 사회가 그들을 대하는 방식에 지친 사람들이 있다. "어머! 우리 똑같네!"라는 내 말은 악의 없는 실수였지만, 어린 소녀의 반응은 항상 인종적으로나 경제적, 민족적, 또는 다른 면에서 나 자신의 관점으로 세상을 보지 말아야 한다는 것을 깨우쳐주면서 내 마음에 각인되었다.

오늘의 성경 구절은 최고의 법을 요약하고 있다.

"네 이웃 사랑하기를 네 몸과 같이 하라", "사람을 차별하여 대하면 죄를 짓는 것이니"(약 2:8,9).

이것은 언제나 행해야 할 옳은 일이다. 우리는 사랑하며 차별을 하지 않는다고 주장할 것이다. 그러나 종종 편애는 미묘하게 나타난다. 예를 들면, 다른 사람의 관점과 경험은 생각하지 않고 우리의 민족성, 인종, 또는 삶의 상황을 기본으로 생각하는 것이다.

오늘부터 우리가 조금이라도 우리 문화 속에서 살아가는 다른 사람들의 자

세한 상황에 민감하지 못하여 그들이 모욕감을 느끼게 하는 일이 없는지 주의하도록 하자. *Karen*

"아버지, 아버지께서는 차별하지 않으시고,
모든 인종, 성별, 민족성, 사회적 지위, 부, 또는 능력과 상관없이
모든 사람에게 구원을 베풀어주십니다.
제가 다른 사람들의 처지와 감정에 민감하고 최고의 법에 따라
그들을 사랑하고 존중하게 해주세요.
예수님의 이름으로 기도합니다. 아멘."

* 삶의 경험, 인종, 종교, 또는 민족성이 당신과 다른 사람에게 다가가 사랑과 수용을 표현하기 위해 할 수 있는 일은 무엇인가? 우리 문화 속의 편애와 싸울 수 있는 사랑과 이해심을 구하는 기도를 드리자.

94

경외함

"온 땅은 여호와를 두려워하며
세상의 모든 거민들은 그를 경외할지어다."

시편 33:8

누군가가 불가능해 보이는 일을 하는 걸 보고 경외심을 느꼈던 적이 있는가?
우리 가족은 올림픽을 사랑한다. 언젠가, 동계 올림픽 기간에 우리는 평소에
보지 않는 몇 가지 스포츠 경기를 보았다. 그중 하나가 루지였다. 어떤 사람들
은 이 스포츠를 썰매를 타고 얼음산을 시속 90마일의 속도로 내려오는 것이라
고 묘사했다. 내 눈에는 재미있어 보이지 않았지만, 우리는 사람들이 어떻게
이 스포츠를 배웠는지 듣고 깜짝 놀랐다. 우리는 그렇게 빠른 속도로 얼음 코
스를 내려오는 동안 썰매에서 자세를 유지하는 그들의 능력에 감탄했다. 그야
말로 경외심을 느꼈다고 할 수 있다.

경외심이란 무엇인가? 우리가 경이로움, 경건한 두려움, 감탄에 사로잡히
는 것이다. 나는 종종 바쁘고 활동적인 삶 속에서 우리가 경외심을 잃어버렸
는지 묻는다. 특히 하나님에 대한 경외심을. 우리는 즐거움을 쉽게 느끼는 만

큼 쉽게 하나님께 마음을 사로잡히는가?

나는 성경을 읽을 때 사람들이 참으로 하나님의 능력과 임재를 접하면 감동을 받지 않을 수 없다는 걸 느낀다. 그들은 놀라움으로 가득했다. 경이로움에 압도당했다. 예배는 유일하게 합당한 반응이었다.

시편 33장 8절에서 말했듯이, 우리가 그리스도 안에 있다면, 하나님을 두려워하는 것은 그분을 존경하는 것을 뜻한다. 하나님을 높이고 하나님을 실제 하나님으로 보는 것이다. 하나님을 두려워하는 것은 하나님을 귀하게 여기는 것이다. 그분을 경외하는 것이다.

세상의 여러 가지 일들 속에서 우리는 빠른 속도로 지쳐서 우리와 함께하시는 하나님의 임재와 능력에 무관심해질 수 있다. 마음이 산만해지기 쉽다. 바쁜 일상, 일, 가족, 아이들의 활동에 정신이 없다. 미친 듯이 바쁘고 정신없는 시기에 우리에게 닥치는 가장 큰 위험 중 하나는 전혀 감동하지 않는 영혼을 갖게 되는 것이다.

당신은 경외심을 잃어버렸는가? 전혀 감동이 느껴지지 않는가? 오늘, 속도를 늦추라. 가만히 있으라. 조용한 곳으로 떠나라. 하나님의 말씀을 그냥 읽지만 말고 하나님의 진리와 약속들을 묵상하라. 예수님이 하신 일, 하고 계신 일, 언젠가 하실 모든 일들에 대해 깊이 생각하라. 당신의 영혼이 감동을 느끼지 못하게 만들지 말라. 하나님이 당신을 만나주시고, 당신의 영혼을 압도하고 평온케 하는 경외심을 주실 때까지 예배의 자리에 머무르라. *Ruth*

"하나님, 저는 하나님을 예배합니다.

하나님만이 찬송받기에 합당하십니다. 오늘 제 영혼을 잠잠케 해주세요.

제 시선을 하나님께 고정시켜주세요.

하나님의 놀라운 사랑을 저에게 보여주세요.

오늘, 하나님의 능력과 임재로 제 영혼을 만족시키시고 강건케 해주세요.

예수님의 이름으로 기도합니다. 아멘."

∗ 당신이 하나님을 경외했던 때를 묘사해보라.

_____

_____

_____

_____

_____

_____

∗ 하나님이 누구신지에 집중하기 위해 속도를 늦출 수 있는 한 가지 방법은 무엇인가?

_____

_____

_____

_____

_____

95

인터넷보다 현실 친구가 우선이다

"기름과 향이 사람의 마음을 즐겁게 하나니
친구의 충성된 권고가 이와 같이 아름다우니라."

잠언 27:9

주방 식탁에 올려둔 내 휴대폰이 진동하며 익숙한 윙윙 소리를 냈다. 소셜 미디어에서 새로운 알림이 도착한 것을 의미했다.

빨래를 개면서 이웃에게서 근황을 듣고 있던 나는 하던 일을 멈추고 최근 알림들이 뭐에 대한 것인지 보려고 휴대폰을 보았다. 트위터에 새로운 팔로워가 생겼다. 페이스북에 누군가로부터 개인적인 메시지가 도착했다. 몇 분 전에 내가 올린 인스타그램 이미지에 '좋아요'가 몇 개 달렸다.

최신 알림들을 다 확인한 후 고개를 들었을 때는 이웃이 우리 집 현관문에서 발길을 돌려 다시 길 건너 자기 집으로 돌아가고 있었다. 휴대폰을 보느라 바로 내 앞에 서 있는 실제 사람을 보지 못한 것이다!

IRL이라는 약자는 '실생활'(in real life)을 의미하며, 당신이 인터넷 세상이 아니라 실제 세상에서 아는 사람을 나타내는 데 사용된다. URL이라는 약자는

'Uniform Resource Locator'를 뜻하며, 인터넷상의 주소를 명시하는 데 사용된다. 오늘날 휴대폰이 주도하는 문화에서 종종 일어나는 일은 URL이 우리를 데려가는 장소들, 즉 블로그, 소셜 미디어 사이트, 또는 댓글들이 실생활에서 아는 사람들(가족, 이웃, 친구들, 또는 동료들)과 함께 보내는 시간을 대체하게 하는 것이다. 그 결과 우리의 실제 관계들은 침체되고, 힘들어지고, 아예 성장을 멈추게 된다.

오늘의 구절은 참된 친구의 진심어린 충고가 주는 즐거움에 대해 말한다. 물론 온라인에서도 유익하고 깊이 있는 친분을 쌓아갈 수 있다. 하지만 당신을 가까이에서 개인적으로 아는 친구, 불안과 혼란 또는 슬픔에 빠져 있을 때 당신을 도와줄 수 있는 친구에게는 영적으로 만족을 주는 무언가가 있다. 우리가 아주 가까이서 삶을 나누는 사람들과의 직접적인 관계는 우리를 성장시키고 격려해줄 수 있다. 이것이 성경이 말하는 '교제'다. 즉, 그리스도의 복음에 대한 공통된 사랑에서 비롯되는, 다른 신자들과 서로 마음을 나누는 유대 관계다.

그러므로 당신의 휴대폰을 내려놓으라. 당신이 도외시했던 실생활의 관계를 찾아 다시 접속하라. 당신은 함께 삶을 나누고, 지원해주고, 충고해줄 수 있으며, 때때로 커피를 마시며 이웃 간의 정을 나눌 수도 있다. *Karen*

"아버지, 하나님께서 제 실제 삶 속에 두신 사람들과
교제하라는 요구보다 기계의 힘에 더 이끌렸던 것을 용서해주세요.
저는 더 잘하고 싶습니다.

실제 친구들을 제 휴대폰의 진동과 알림음보다

더 우선시하도록 도와주세요.

예수님의 이름으로 기도합니다. 아멘."

＊ 이제 평가의 시간이다! 1점부터 10점까지 있는데, 1점은 전혀 아닌 것이고 10점은 언제나 그런 것이다. 하루 중 얼마나 자주 기계의 힘에 이끌리는가? 실제 삶 속에서 사람들과 교제하며 보내야 할 시간을 휴대폰의 앱과 사이트들에 빼앗기지 않기 위해 당신이 스스로 따를 수 있는 지침들은 무엇인가?

96

질투는 적이다

어린 다윗이 블레셋의 거인, 골리앗을 죽인 후 얼마 되지 않아 사울 왕이 그를 자기 집으로 불러들였다. 당시 어린 목동이었던 다윗이 매끈한 돌 몇 개를 가지고 골리앗을 영원히 잠잠케 만든 즉시, 이스라엘의 대적에 대한 공포와 두려움이 사라졌다.

다윗에겐 모든 상황이 순조로웠다. 그는 어리고, 잘 생겼고, 싸움에서 이겼고, 이제 왕과 그의 가족과 함께 살고 있었다. 모든 일이 너무 잘 풀리고 있었다. 그런데 얼마 지나지 않아 사울 왕이 점점 더 의심을 품고, 불안해하고, 전쟁에서 승리한 다윗을 질투하기 시작했다.

다윗이 또 한 번 전쟁터에서 이기고 돌아왔을 때, 사람들은 입을 모아 그를 칭찬했다.

"사울이 죽인 자는 천천이요 다윗은 만만이로다"(삼상 18:7).

사울 왕은 다윗의 승리뿐만 아니라 다윗과 비교되는 자신의 성공도 주목했다. 9절에 보면 "그날 후로 사울이 다윗을 주목하였더라"라고 했다. 다시 말해서, 사울이 다윗을 질투하게 된 것이다.

사울 왕은 다윗의 성공을 축하해줄 수가 없었다. 그는 다윗이 마땅히 받아야 할 칭찬을 자기가 받기 원했고, 그 결과 질투심이 생긴 것이다. 그는 다윗을 '주목'했다.

질투는 이렇게 작동한다. 그것은 언제나 비교하고, 경쟁하고, 갈망하고, 주시한다. 질투는 다른 사람이 가진 것을 갖고 싶어 한다. 질투는 종종 우리가 받을 자격이 없으나 하나님이 우리에게 주신 것을 보지 못하게 한다. 질투는 우리의 기쁨을 빼앗아간다. 우리의 관점을 왜곡한다. 우리의 감사하는 마음을 소멸한다. 또 그것은 우리를 주변 사람들의 적으로 만들 수도 있다. 바로 이런 일이 사울에게 일어났다.

"사울이 다윗을 더욱더욱 두려워하여 평생에 다윗의 대적이 되니라"(삼상 18:29).

당신은 누구를 '주목'하고 있는가? 당신이 남몰래 질투하고 있는 사람이 있는가? 누군가를 당신의 적으로 만들었는가? 그 사람에게서 눈을 떼고, 예수님을 바라보라. 예수님 안에서 당신이 가진 모든 것을 기억하라. 당신에게 자격이 없으나 하나님이 당신을 위해 해주신 모든 일을 기뻐하라. 감사가 당신의 마음에 가득하여 다른 사람들과 경쟁하는 대신 그들을 사랑할 수 있도록 하라! *Ruth*

"예수님, 주님은 제 가장 큰 보물이십니다.

주님은 저를 위해 너무나 놀라운 일들을 해주셨습니다.

질투하지 않도록 제 마음을 지켜주세요.

제 눈이 주님만 바라보도록 도와주세요. 저를 기쁨과 감사로 가득 채워주세요.

제 것이 아닌 것들을 갖기 원했던 것을 용서해주세요.

겸손히 주님을 사랑하고 다른 사람들을 사랑할 수 있는 은혜를 주세요.

예수님의 이름으로 기도합니다. 아멘."

* 당신 삶의 어느 부분에서 질투심을 보았는가?

* 질투심은 어떻게 당신이 남몰래 누군가와 비교하고 경쟁하게 만들었는가?

97

안달하지 말라

"여호와 앞에 잠잠하고 참고 기다리라
자기 길이 형통하며 악한 꾀를 이루는 자 때문에 불평하지 말지어다."

시편 37:7

나는 교정전문치과 대기실에서 오래된 잡지를 넘겨보면서 정신을 딴 데로 돌리려 했다. 그러나 바비큐 미트로프 요리 레시피도, 벽장 정리법에 관한 통찰력 있는 기사도, 할리우드 소문 현장에 관한 칼럼도 내 걱정을 가라앉힐 수 없었다. 한 지인이 우리 가족 중 한 사람에 대해 거짓말을 마치 사실인 것처럼 퍼뜨리고 있었다. 나는 화가 나고 걱정도 되었으며, 그 순간 내 친척을 잘 모르는 사람들이 그 거짓말을 믿을까 봐 점점 더 두려워졌다.

그 거짓말을 들은 사람과 이야기를 나눈다면 어떻게 말할까 생각하며, 마음속으로 짧은 연설과 재치 있는 응답들을 지어내기 시작했다. 그러나 고등학교 때 나에게 복음을 소개해주었던 내 영적 멘토가 나에게 수도 없이 반복해서 해주었던 조언이 떠올랐다.

"기억하렴. 언제나 진실은 드러나고 네 평판을 보호해주는 건 하나님의 일이야. 네가 할 일은 걱정을 멈추고 결과를 하나님께 맡기는 거란다."

오, 이것이 어디 말처럼 쉬운 일이던가! 나는 오류를 정정하고, 거짓을 바로 잡고, 내가 사랑하는 이의 명예를 보호하며, 거짓말하는 사람을 저지하고 싶었다! 그러나 오늘의 구절은 바로 내 멘토가 말했던 것을 제안하고 있다.

"자기 길이 형통하며 악한 꾀를 이루는 자 때문에 불평하지 말지어다"(시 37:7).

대신 우리는 무엇을 해야 하는가? 이 구절의 앞부분은 이렇게 말한다.

"여호와 앞에 잠잠하고 참고 기다리라."

불평하지 말라. 또는 안달하지 말라. 나는 그 묘사가 마음에 든다! 그것은 우리가 스스로 안달하게끔 만들고 있으며, 따라서 크게 소리를 지르면서 안달하는 것을 스스로 멈출 수 있음을 보여준다. 우리는 그저 잠잠히 있으면 된다. 기다리면 된다. 하나님이 통치하고 계심을 조용히 신뢰하며, 인내심을 보여주면 된다.

내 멘토가 옳았다. 진실은 드러났다. 우리 가족의 결백이 입증되었고, 대신 거짓말을 퍼뜨리던 사람의 어리석고 나쁜 모습이 드러났다.

당신이 안달하고 있다면, 오늘 시편 37편 7절의 조언을 받아들이고 조바심을 내지 말라. 당신이 그렇게 한 것을 기쁘게 여기게 될 것이다. *Karen*

"하나님, 다른 사람의 해로운 말이나 행동 때문에
제 안에 불안이 솟구치는 것을 느끼기 시작할 때마다 멈추도록 도와주세요.
기도하게 도와주세요.

하나님의 계획을 믿고 염려를 잊어버리게 해주세요.

예수님의 이름으로 기도합니다. 아멘."

＊ 누군가 악한 방법으로 성공하는 것처럼 느껴졌던 때를 생각해보라. 시편 37편 7절 말

씀은 그 상황을 어떻게 다르게 받아들이도록 도와주었을까? 그 말씀이 앞으로 닥쳐올

미래의 불안에 대해 어떻게 당신을 준비시켜줄 수 있을까?

98

너그러워지기 위해 부자가 될 필요는 없다

"그는 곤고한 자에게 손을 펴며
궁핍한 자를 위하여 손을 내밀며."

잠언 31:20

내가 아이들에게 "조심해!"라고 경고할 때마다 1달러씩 벌었다면 아마 아주 부자가 되었을 것이다. 우편물을 받으러 길을 건널 때 나는 아이들에게 "차 조심해"라고 말한다. 남자아이들이 레슬링을 할 때는 "여동생들 조심해!"라고 말한다. TV를 볼 때는 "조심해, 채널 돌려. 이건 나쁜 광고야!"라고 말한다. 말하자면 끝도 없다. 어떤 엄마가, 사랑하고 염려하는 마음으로 자녀들에게 늘 조심하라고 말하고 있지 않다고 느끼겠는가?

예수님도 제자들에게 "조심해!"라고 말씀하신 적이 많다. 어떤 때는 "삼가 모든 탐심을 물리치라 사람의 생명이 그 소유의 넉넉한 데 있지 아니하니라"(눅 12:15)라고 하셨다. 우리의 마음이나 삶 속에서 쉽게 찾아낼 수 있는 죄들이 많지만, 탐심은 훨씬 더 알아보기 어렵다고 하셨다. 우리에게 '모든 탐심'을 조심하라고 말씀하신 이유가 거기에 있다. 우리는 탐심의 존재나 힘을 항상 알아채지 못하지만, 탐심은 누구나 괴롭힐 수 있다. 따라서 그것과 싸우려면 너그러움을 길러야 한다.

예수님이 누가복음 21장에서 가난한 과부에 대한 이야기를 하실 때 그녀가 부자들에 비해 매우 적은 돈을 냈음에도 그녀를 칭찬하셨다. 그녀는 가난한 중에 드렸기 때문이다(1-4절). 그 과부처럼, 우리는 매우 적은 것을 가지고도 너그러워질 수 있다. 어떻게? 중요한 것은 우리가 어떻게 드리는가 하는 것이지 무엇을 드리느냐가 아니기 때문이다.

하나님이 바라시는 것은 거리낌 없이 자주 드리는 것을 기뻐하는 너그러운 마음이다. 이것은 하나님이 그리스도 안에서 우리를 사랑하신 방법이다. 영적으로 우리는 가난하지만 그리스도 안에서 부유하다. 하나님은 모든 면에서 우리에게 복을 주셨다. 하나님이 우리를 위해 이루신 일에 관한 좋은 소식은 다른 사람들에게 더 너그럽게 베풀며 살도록 동기를 부여한다.

당신은 어디에서 관대해지기가 어려운가? 돈이든 시간이든, 또는 하나님이 당신에게 주신 은사든, 당신 자신만을 위해 사용하지 않도록 조심하라! *Ruth*

> "예수님, 예수님은 제게 매우 너그러우셨습니다.
> 주님의 사랑을 아끼지 않으셨습니다.
> 저도 그렇게 다른 사람들을 사랑하고 섬길 수 있게 해주세요.
> 제 시간과 재능, 아끼는 보물에 대해 탐심을 품지 않도록 제 마음을 지켜 주세요.
> 열린 마음과 후한 손으로, 저와 만나는 사람들을 축복하며 살기 원합니다.
> 예수님의 이름으로 기도합니다. 아멘."

＊ 당신은 무엇을 후히 베풀기가 가장 어려운가? 당신의 시간인가? 아니면 재물이나 또

는 재능인가?

＊ 오늘 당신이 너그러워질 수 있는 한 가지 방법이 있다면 무엇인가?

99

천상의 마음과 세상의 선

"오직 너희는 그리스도의 복음에 합당하게 생활하라."

빌립보서 1:27

내가 십대였을 때, 우리 교회 소프트볼 팀에 속하여 경기를 하다가 어떤 성도를 묘사하는 대화를 우연히 듣게 되었다. 우리 팀 좌익수가 이렇게 말했다.

"아, 그녀는 거의 천상의 마음을 갖고 있어서 세상일에는 관심이 없어!"

그 말을 들은 나는 궁금했다. 이 말이 정말 사실일까?

내 친구 티다(Thida)가 생각났다. 그녀는 본래 캄보디아 시민이었는데 미국인 키스(Keith)와 결혼해서 미국으로 이주해왔다. 나는 미국에서 있었던 그들의 결혼 피로연에 참석했을 뿐 아니라 나중에 그녀가 미국 시민권 신청을 할 때 그녀를 위해 추천서를 써줄 수 있어서 참 기뻤다.

공식적인 미국 시민이 되기 위해, 티다는 미국 역사와 법에 정통하도록 열심히 공부해야 했다. 그녀가 시험을 통과하고 위원회에서 그녀의 추천서를 검토하고 나자, 그녀는 그것을 공식화할 준비가 되었다. 티다가 자격을 제대로 갖춘 미국 시민이 되었을 때, 그녀의 미소는 금문교보다 더 넓게 퍼져갔다. 그러나 법적으로 미국인이 되었어도, 그녀는 여전히 캄보디아 토박이 시민이기도 하다.

그리스도인들도 이중 국적자다. 비록 이 땅에 살고 있지만 우리가 하늘나라의 시민이라는 가장 중요한 사실을 늘 인식하고 있어야 한다. 우리가 무엇을 생각하고 어떻게 행동하느냐가 이 방향을 나타내야 한다.

"너희는 그리스도의 복음에 합당하게 생활하라"(빌 1:27).

우리는 땅에 거주하는 천상의 시민들이다. 이중국적자로서 우리가 할 일은 우리가 하늘의 시민권을 진지하게 생각한다는 것을 확실히 하기 위해 하나님의 말씀을 공부하는 것이다. 어떻게 다른 사람들이 우리가 하나님나라를 잘 나타내는 신자라고 확신하며 우리를 보증해줄 수 있을 것인가?

우리가 예수님의 사랑을 나누고 성경의 계명들을 지킬 때 우리는 다른 사람들에게 더 자비롭고, 도움을 되고, 힘이 되는 사람이 된다. 즉, 정의에 대해 더 관심을 갖고 가난하고 소외되고 배척당하는 이들을 보살피게 된다.

우리의 목적은 그리스도의 복음에 합당한 삶을 사는 것임을 기억하자. 다른 사람들은 우리의 사랑의 행위를 보고 그리스도께 이끌리는 것이다. 천상의 마음을 가지고 세상에서 선을 행하는 사람이 되자. *Karen*

"사랑하는 하나님, 저는 이 땅에 외국인으로 살고 있습니다.

세상의 일들에 너무 몰두하지 않게 도와주세요.

항상 제 보물과 소망을 하늘에 두며,

저를 지켜보는 세상을 향해 복음을 나타내도록 도와주세요.

예수님의 이름으로 기도합니다. 아멘."

＊ 어떤 면에서 세상의 사고방식과 행동 방식들이 당신에게 생소한가? 당신은 어떻게 이
   땅에서 너무 편안해져 버렸는가? 어떻게 하면 당신의 참된 집인 하늘나라에 다시 시선
   을 고정시킬 수 있을까?

100

기쁨을 추구하라

"주의 구원의 즐거움을 내게 회복시켜주시고."

시편 51:12

많은 사람들에게, 하루하루를 즐겁게 사는 것은 힘든 싸움이다. 우리는 종종 기쁨이 우리에게 찾아오기를 기다리거나 소망하지만, 성경은 우리에게 하나님 안에서 기뻐하고 즐거워하라고 말한다. 기쁨은 우리가 추구하는 것이지, 우리를 좇아오는 것이 아니다.

그렇다면 우리는 어떻게 기쁨을 추구할 수 있을까? 우리를 사랑하시고 기뻐하시는 우리 아버지 하나님을 추구하지 않고는 참되고 영원한 기쁨을 실제로 경험할 수 없을 것이다. 또한 우리는 우리 사이를 방해하는 것을 제거함으로써 하나님을 추구한다. 성경적인 기쁨은 하나님과 동행함으로 인한 열매다. 그것은 성령의 능력으로, 예수님을 통해, 아버지 하나님과 친밀하고 성장하는 관계를 맺음으로써 얻는 부산물이다. 두 가지는 늘 함께 온다. 우리가 하나님을 추구하고 기뻐하면 성령이 우리 안에 기쁨을 주신다.

그러나 그것은 보호하고 일구어야 하는 기쁨이다. 삶 속의 많은 것들이 우리의 기쁨을 빼앗아간다. 시편 51편은 놓치기 쉬운 기쁨의 도둑을 상기시켜준다. 시편 51편에서 다윗 왕은 정말 솔직하게 자신의 죄를 고백했다. 그의 죄가 그와 하나님 사이에 들어왔기 때문에 죄책감이 기쁨을 잡아챘던 것이다.

다윗은 "주의 구원의 즐거움을 내게 회복시켜주시고"(시 51:12)라고 부르짖었다. 죄는 우리가 겸손하고 신실하게 하나님과 동행할 때 경험하는 기쁨을 파괴한다. 우리의 태도든 행동이든, 우리의 삶 속에 있는 완고하고 자백하지 않은 죄가 하나님과의 친밀한 관계를 방해한다.

시편 16편 11절은 이렇게 말한다.

"주께서 생명의 길을 내게 보이시리니 주의 앞에는 충만한 기쁨이 있고."

하나님은 우리에게 생명을 주시고 그분의 기쁨으로 우리를 가득 채워주기 원하신다. 우리의 죄가 우리의 관계를 단절시키진 않더라도 친밀감과 하나님의 충만한 기쁨의 경험을 파괴한다.

기쁨을 얻기 위한 당신의 싸움이 실제로 마음의 싸움일 수 있을까? 하나님이 당신의 상황을 바꾸시는 것이 아니라 회개를 통해서 당신의 삶 속에 더 많은 기쁨이 생겨나게 하기 원하신다면 어떻겠는가?

오늘 하나님께 당신의 마음을 살펴주시고, 어떤 악한 열망들이 당신의 기쁨을 빼앗고 있는지 드러내달라고 기도하라. 하나님을 추구하라. 그분의 임재를 구하라. 그리고 하나님이 당신 안에 어떻게 기쁨이 샘솟게 하시는지 보라! *Ruth*

"아버지, 제게 주의 구원의 기쁨을 회복시켜주세요.

저를 살펴주시고, 제 기쁨을 빼앗는 죄가 있거든 보여주세요.

저를 주의 임재로 충만케 하사,

예수님 안에서 제게 주시는 풍성한 생명을 점점 더 크게 경험하게 해주세요.

예수님의 이름으로 기도합니다. 아멘."

＊ 당신이 기뻐하기 가장 힘든 영역은 어디인가?

＊ 당신의 기쁨을 빼앗아가고 있을지 모르는 어떤 죄를 고백할 필요가 있는가?

내 영혼 안정시키기

초판 1쇄 발행	2022년 7월 12일
지은이	캐런 이먼 & 루스 슈벵크
옮긴이	유정희

펴낸이 여진구
책임편집 이영주 정선경
편집 최현수 안수경 김도연 김아진 정아혜
책임디자인 조은혜 노지현 | 마영애
홍보 · 외서 진효지
마케팅 김상순 강성민 허병용   마케팅지원 최영배 정나영
제작 조영석 정도봉   경영지원 김혜경 김경희 이지수

303비전성경암송학교 박정숙 최경식
이슬비전도학교 / 303비전성경암송학교 / 303비전꿈나무장학회

펴낸곳 규장

주소 06770 서울시 서초구 매헌로 16길 20(양재2동) 규장선교센터
전화 02)578-0003   팩스 02)578-7332
이메일 kyujang0691@gmail.com   홈페이지 www.kyujang.com
페이스북 facebook.com/kyujangbook   인스타그램 instagram.com/kyujang_com
카카오스토리 story.kakao.com/kyujangbook
등록일 1978.8.14. 제1-22

ⓒ 한국어 판권은 규장에 있습니다.
이 출판물은 저작권법에 의해 보호를 받는 저작물이므로 무단 전재와 무단 복제를 할 수 없습니다.

책값 뒤표지에 있습니다.
ISBN 979-11-6504-348-3 03230

규 | 장 | 수 | 칙

1. 기도로 기획하고 기도로 제작한다.
2. 오직 그리스도의 성품을 사모하는 독자가 원하고 필요로 하는 책만을 출판한다.
3. 한 활자 한 문장에 온 정성을 쏟는다.
4. 성실과 정확을 생명으로 삼고 일한다.
5. 긍정적이며 적극적인 신앙과 신행일치에의 안내자의 사명을 다한다.
6. 충고와 조언을 항상 감사로 경청한다.
7. 지상목표는 문서선교에 있다.

하나님을 사랑하는 자 곧 그의 뜻대로 부르심을 입은 자들에게는 모든 것이 合力하여 善을 이루느니라(롬 8:28)

규장은 문서를 통해 복음전파와 신앙교육에 주력하는 국제적 출판사들의
협의체인 복음주의출판협회(E.C.P.A:Evangelical Christian Publishers
Association)의 출판정신에 동참하는 회원(Associate Member)입니다.